达尔文的著作最后把上帝从自然界赶走了，生物科学便站立起来了。

——列　宁

达尔文在《物种起源》中的主导思想，即“自然选择”，一定会被当做科学上的确定真理而为人们所接受。它有一切伟大的自然科学真理所具有的特征，变模糊为清晰，化复杂为简单，并且在旧有的知识上添加了很多新的东西。达尔文是本世纪、甚至是一切世纪博物学中最伟大的革命者。

——英国植物学家华　生

我现在正在读达尔文的著作，写得好极了。目的论过去有一个方面没有被驳倒，而现在被驳倒了。此外，至今还没有过这样大规模证明自然界的历史发展的尝试，而且还做得这样成功。

——恩格斯

KEXUE JUREN DE GUSHI

DAER WEN

KEXUE JUREN DE GUSHI

DAERWEN

达尔文是杰出的生物学家、进化论的奠基人。他在《物种起源》中提出了生物进化论学说，从此改变了人类对世界的看法。《物种起源》用大量资料证明了形形色色的生物都不是上帝创造的，而是在遗传、变异、生存斗争和自然选择中，由简单到复杂，由低等到高等，不断发展变化的，提出了生物进化论学说，从而摧毁了各种唯心的神造论和物种不变论。达尔文的这一重大发现，对生物学具有划时代的意义，在科学上完成了一次伟大的革命，对近代生物科学产生了巨大而深远的影响。达尔文的进化论被公认为19世纪自然科学的三大发现之一。

中国科普创作大奖得主松鹰倾情奉献

科学巨人的故事

KEXUE JUREN DE GUSHI DAERWEN

达尔文

松 鹰 著

山西出版传媒集团 · 希望出版社

贝格尔舰上的航行，是我一生中最重大的事件，它决定了我此后全部事业的道路……我始终认为，应该把我初次受到真正的思想训练，即教育，归功于这次环球航行。

——达尔文

作为一个科学工作者，我的成功源自复杂的心理素质。其中最重要的是：热爱科学，善于思考，勤于观察和收集资料，以及具有相当的发现能力和广博的知识。这些看起来的确令人奇怪，凭借这些极平常的能力，我居然在一些重要地方影响了科学家们的信仰。

——达尔文

谈到名声、荣誉、快乐、财富这些东西，如果同友情相比，它们都是尘土。

——达尔文

KeXue JuRen De GuShi DaErWen

前　言

KEXUEJUREN DE GUSHI

影响世界历史的人

刘兴诗

希望出版社隆重推出的《科学巨人的故事》，是松鹰撰写的十位科学家的传记。

哥白尼、伽利略、达尔文、牛顿、富兰克林、爱因斯坦、法拉第、卢瑟福、玻尔、费米……这些名字，每一个都是一部传奇，每一个都是科学史上的一座丰碑。他们不愧是影响世界历史进程的人。

这套《科学巨人的故事》出自同一位作者之手，风格统一，装帧精美，内容深入浅出，引人入胜。实属科学家传记文学中不可多得的精品。

郁达夫曾评价美国著名作家房龙说："房龙的笔，有一种魔力，但这也不是他的特创，这不过是将文学家的手法，拿来用以讲述科学而已。"

读松鹰这套《科学巨人的故事》，感觉作者的笔具有同样一种魔力。作者毕业于哈尔滨军事工程学院，是国家一级作家，既谙熟科学，又有深厚的文学素养，写科学巨人的生平故事，娓娓道来，妙趣横生，令人不忍释卷，读罢又耐人寻味。

科学家留给我们的遗产是什么？

不消说，是有用的科学知识。

人类的开化，历史的进步，正是一代代科学家，用精湛的科学知识"砖块"，垒砌而成的"摩天大厦"。

科学家留给我们最宝贵的财富是什么？

那就不仅仅是具体的科学知识，还有科学家自身的人格魅力。道理非常简单，一个个具体的知识“砖块”，只不过是作为建筑材料的“砖块”而已，并没有直接延伸的幅度。可是科学家作为建筑者，那就完全不同了，还有很多很多延伸扩展的领域。

让我们这样说吧。科学家贡献出的知识，那就是一块砖。不管多么伟大的科学家，生命总是有限的。不管是哥白尼、伽利略、牛顿，还是爱因斯坦，一生几十年也只能垒砌几块砖、几十块砖，最多一大堆砖而已。可是他们留下的生命经历和科学精神，却永远传诵在人间，写成传记故事世代流传，这才能鼓舞后来者继续奋进，构筑更加宏伟的科学宫殿。从这个意义来说，科学家传记文学不亚于科学本身，道理就非常清楚了。

松鹰这套《科学巨人的故事》就是这样的。它着眼的是阐述科学家孜孜不倦的探索精神，为社会服务、造福民众的思想境界，淡泊名利的高尚情操，以及坚持真理、不迷信权威的信念等等。

科学的道路并不平坦，需要踏踏实实一步一个脚印地攀登。从这个角度讲，我们学习科学家就不仅仅是一些具体的科学知识，更重要的是他们孜孜不倦的研究精神，不求名利的淡泊人生态度。牛顿是这样，法拉第、富兰克林、卢瑟福、玻尔、费米，以及许许多多科学家的人生轨迹，都留下了远比知识本身更加宝贵的精神财富。

松鹰这套《科学巨人的故事》就是这样的作品，我愿意在此向青少年读者们郑重推荐。

2012 年 3 月 18 日于成都理工大学

目录

KEXUE JUREN DE GUSHI

MULU

■ KEXUE JUREN DE GUSHI

1859 年的一个冬日,伦敦笼罩在灰蒙蒙的雾霭中。大本钟高耸在泰晤士河畔,悠扬的钟声回荡在伦敦清冷的上空。

人们匆匆走过,仿佛在追赶时间。

就在这时,一个爆炸性的消息在伦敦传开了:

"哎,听说了吗?刚出版了一本新书,说《圣经》有假,物种不是上帝创造的。"

"天哪!谁这么大胆呀?竟敢向上帝挑战!"

"听说作者叫达尔文,是个科学家。"

"哦,达尔文!他写的《考察日记》倒是很精彩啊!"

"这本新书一定也有看头。"

新书的书名叫《物种起源》,1859 年 11 月 24 日在伦敦上市。这个消息就像冬日的野火,迅速传遍了伦敦的大街小巷。

人们争先恐后地在书店门口排起了长龙,初版的 1250 本《物种起源》,当天就销售一空。畅销的势头,竟然超过了狄更斯的新作《双城记》。出版商默里后悔初版的印数少了。两个月后又重印了 3000 多本,也很快售完。

《物种起源》的出版如石破天惊,在英国乃至整个欧洲引起了轰动。达尔文在《物种起源》中提出的生物进化论学说,改变了人类对世界的看法,极大地冲击了神权统治的根基,在科学界引发了一场继哥白尼的"日心说"之后更为深刻的思想革命。一位革命导师说:"达尔文的著作最后把上帝从自然界赶走了,生物科学便站立起来了。"

本书将带你走近这位敢于"谋杀"上帝的大师……

KEXUE JUREN DE GUSHI

顽皮少年

名医世家

mingyishijia

在英国西南部有一条塞文河，是英国最长的河流。它发源于威尔士境内的斯诺登峰附近，蜿蜒南下，经过施罗普郡，最后在西南海口入海。施罗普郡的行政中心坐落在塞文河畔，是座古色古香的小城，名字叫什鲁斯伯里。

1809 年 2 月 12 日，查尔斯·达尔文就诞生在什鲁斯伯里城的一栋红砖楼房里。这是一栋宽大的红砖房，坐落在城北河岸的一段陡峭高地上，被称作蒙特庄园（“蒙特”是山丘的意思）。从楼上可以望见塞文河里的白帆，景色很美。红砖房高两层半，宽五开间。主楼两侧是较低的附属建筑，包括候诊室、厨房、储藏室、马车房、工人住房。还有一个漂亮的玻璃花房，与起居室相通。花房的后面，是一个带有围墙的果园。

达尔文的诞生地蒙特庄园

这是一个富裕的医生世家。查尔斯·达尔文的父亲罗伯特·瓦林·达尔文，毕业于荷兰莱顿大学医学院，19岁获得医学博士学位，22岁被选为英国皇家学会会员，是什鲁斯伯里城的名医。他的体格高大魁梧，性情豁达乐观，医术高明，乐善好施，深受大家的尊敬和爱戴。

达尔文的祖父爱拉士姆·达尔文，也是医学博士和皇家学会会员。

这位爱拉士姆·达尔文博学多才，思想开放，是18世纪欧洲最早的名医之一，又是博物学家、发明家和诗人，《植物园》、《生物规律学》、《植物学》等专著。他的诗集《自然的庙堂》更是脍炙人口，流传甚广。爱拉士姆·达尔文的医术高超，据说英王乔治三世曾慕名聘请他担任御医。这是莫大的荣誉，而且晋封贵族的机会很大，但却被他婉谢了，因为他不喜欢王室。他在政治上主张废除奴隶制度，欣赏和支持法国大革命和美国的独立战争，赞成普及公民投票权。在哲学上，爱拉士姆·达尔文主张无神论。当时的传统观念认为，生物是由上帝特殊创造的，生物的种类固定不变，这就是所谓的“神创论”。但爱拉士姆·达尔文在《生物规律学》一书中大胆提出，物种和有机体在需求作用下会逐步进化。四年之后，法国著名的博物学家拉马克才提出这一见解。

达尔文祖父爱拉士姆·达尔文

达尔文的祖父不愧是进化论的先驱者之一。他的反传统思想和科学理念，对达尔文产生了潜移默化的影响。

达尔文的母亲苏珊娜·韦奇伍德出身名门，其父乔赛亚·韦奇伍德是英国著名的陶艺设计师、企业家、英国皇家学会会员，也是一位离经叛道的革新者。他改革了陶瓷装饰艺术，是英国工业美学的创始人之一。乔赛亚·韦奇伍德还强烈反对非洲和美国之间的奴隶贩卖。当时买卖奴隶是合法的，而且很盛行。乔赛亚·韦奇伍德非常痛恨奴隶制度。他设计的韦奇伍德家族奖章，就是一个带着手铐脚镣的跪地黑奴雕塑。乔赛亚·韦奇伍德父子陶瓷厂生产的细瓷工艺品，当时在欧洲很有名，连英国皇室都使用他们生产的瓷器。

达尔文母亲苏珊娜·韦奇伍德

达尔文的母亲苏珊娜和蔼可亲，对孩子充满了慈爱。达尔文小时候经常在花房观看父母嫁接果树，培养花卉。母亲教他认识各种植物。从仅存的一幅苏珊娜的画像看，她的容貌清秀，气质高雅。这是韦奇伍德父子陶瓷厂制作的一幅陶瓷画，后来成为达尔文兄弟姐妹们珍贵的纪念品。

达尔文有兄弟姐妹六个，达尔文排行第五。他上有三个姐姐、一个哥哥，下有一个妹妹。

达尔文的父亲罗伯特是个大块头，体重336磅(约150千克)，身高6英尺2英寸(将近1.90米)，按照达尔文的描绘，其父“肩背宽阔，极其肥胖”。难怪达尔文会说“我从来没有见过任何比他更加高大的人”。从保存下来的照片看，这样说一点也不夸张。罗伯特医生脸盘圆润，头顶微秃，还长着一个丘吉尔式的双下巴，颇为富态。他对待子女既宠爱，又严厉，在家里是绝对权威。每天傍晚，他都要坐在花房的椅子上，叫孩子们围坐在一起，听他长篇训话。他谆谆教导子女什么是正当行为，应该怎么去努力；什么是不正当行为，应该如何去避免等等。每当这个时候，望着父亲庞大的身躯，小达尔文都会有一种威严感，大气都不敢出。可是一旦父亲的训话结束，他溜出花房，就立刻活蹦乱跳起来。

达尔文父亲罗伯特

罗伯特医生非常能干。他在20岁时，带着父亲资助的20英镑，只身来到什鲁斯伯里，在圣约翰山坡上租房，开了一家诊所，独立行医。开业第一年的收入，就足够买两匹马和支付一个仆人的工资。他医术高明，药到病除，来找他求医的患者络绎不绝。他的名声很快就传遍了全郡，后来成了富有的名医。罗伯特医生对此颇为骄傲，常以自己创业的经历为榜样教导孩子们。罗伯特医生性格外向，爱交际，乐于助人，家里常常是宾客满座。

罗伯特医生还有一种本事，就是具有与众不同的洞察力，哪怕只有一面之缘，他也能看出对方的品质。有一次，一个打扮讲究的外地教士来到城里，住进一家上等旅店，出手阔绰。许多人登门拜访，竞相邀请他到家里吃饭。罗伯特医生见过教士一面后，对家里人说："无论如何不要请这个人到家里来。"他相信这个人不可靠。果然，没过两个月，这个教士就失踪了。原来，这个家伙到处行骗，欠了一屁股的债，逃之夭夭了。

还有一次，一个素不相识的爱尔兰绅士来找罗伯特医生，说自己丢了钱包，希望能借给他20英镑，并说他一回到爱尔兰，立即就把欠款寄来。20英镑不是个小数目，但罗伯特医生一口答应了，因为他相信对方没有说谎。爱尔兰绅士拿到20英镑，道了一声谢就走了，罗伯特医生也没要他写借据什么的。果然，在约定的期限内，罗伯特医生收到了一封从爱尔兰寄来的信。那位绅士在信中千恩万谢了一番，并写道："随信附上英国银行20英镑纸币。"可是，信封里却空空如也。

达尔文问父亲："那个绅士会不会是个骗子啊？"

罗伯特医生说："不会，是骗子他就不会写这封信了。"

第二天，罗伯特医生又收到一封从爱尔兰寄来的信。信封里装着20英镑纸币，并附了一封道歉的短笺，说昨天的信忘了装纸币了。

罗伯特医生呵呵一笑："难怪他会丢钱包，原来是个马大哈哦！"

这件事情说明了罗伯特医生既善于识人，又乐善好施。由于罗伯特医生敏锐的观察力和同情心，许多人都来向他寻求帮助。其中有的不单纯是为了看病，包括家庭纠纷或者内心的痛苦，都愿意向他倾诉。

达尔文8岁时，母亲患不治之症去世了。罗伯特医生悲痛地把孩子们叫到苏珊娜的床头，让他们见母亲最后一面。母亲穿着黑寿衣的模样，给小达尔文留下了很深的印象。一星期后，罗伯特医生为亡妻举行了葬礼。当六名龙骑兵把棺木徐徐放进墓穴时，一个戎装的龙骑兵举起来复枪朝天鸣枪。达尔文幼小的心灵被这凄厉的枪声震颤了。

达尔文姐姐卡罗琳

罗伯特医生深深地爱着妻子，此后一直没有续弦。

达尔文对母亲的记忆很模糊。多年后他在回忆录中说："我除了只记得她病故时所睡的床铺、她穿着的黑色丝绒长袍和她构造特殊的工作台以外，其余一点也回忆不起来了。”

母亲去世后，由二姐卡罗琳负责达尔文的管教。卡罗琳比达尔文大 9 岁，模样俊俏，鹅蛋脸，留着短卷发。她的性情温和，脾气很好，但对达尔文却管得很紧，常有恨铁不成钢的感觉。在小弟弟的眼里，她整天絮絮叨叨的，就像个管家婆。调皮的达尔文并不服她的管束。

每次走进卡罗琳的房间之前，达尔文都会想：“这次她又要责备我什么呢？”

他拍拍没有胸肌的小胸膛给自己提劲说：“坚强一点，不管姐姐说什么，我都要摆出一副不在乎的样子，这样，她就会不吱声了。”

他的计谋挺有效。卡罗琳看见达尔文面不改色心不跳的英雄模样，只微微一笑，就不再说什么了。小达尔文常常逃到大自然里，寻求乐趣和安宁。他惊喜地发现，大自然才是自己快乐的天地。

“吹牛大王”

chuiniudawang

这年春天，小达尔文被送到城内的一所走读小学，校长是凯斯牧师。学校就在高街教堂里，离家不远。

在学校里，达尔文是一个有名的顽童，喜欢恶作剧，常有惊人之举。而且他还经常谎话连篇，目的也是为了制造耸人听闻的效果。

少年达尔文(左)和妹妹凯瑟琳

达尔文家有一个果园，父亲在园子里种了好多果树，有桃子、李子，还有苹果。果子成熟的时候,达尔文常常爬上果树摘果子。小家伙饱了口福,还觉得不过瘾。一次,他偷偷摘了很多果子藏在灌木丛里,然后气急败坏地跑回家,报告说他发现了一大堆被偷窃的水果。

“啊!查尔斯,你是怎么发现的?”几个姐姐大吃一惊。

“就藏在灌木里,我一猫腰就瞧见了。”

“我猫腰怎么没有看见呢?”妹妹凯瑟琳提出怀疑。

“去去去,你这个眯眯眼。”达尔文说她。

“我才不是眯眯眼哩!”

姐姐们跟着达尔文来到果园背后,在灌木丛里果然搜出一堆桃子和李子。

“亏得咱们查尔斯眼尖。”二姐拍拍达尔文的脑袋,表扬了他一句。

达尔文得到夸奖,一脸的得意。

又是妹妹凯瑟琳发问:“那个小偷,为什么要把桃子藏起来呢?”

“是呀?”三姐也觉得不可思议。

达尔文做了个鬼脸,心想:“这只有我知道。”

大姐发话了:“果园的门,以后得锁紧了。”

这下可糟了。果园锁了门,晚上偷摘果子就不方便了。不过小达尔文善于动脑筋,没几天他就想出了一个办法,而且很奏效。

晚上,达尔文来到果园外。果园的围墙很高,达尔文悄悄沿着墙外的树爬上果园的墙头。他用一根很长的杆子,把尖端插进一个空花盆中央的底孔中,再把这只花盆举得高高的,用杆子的尖端拨打果树的枝头。枝头上的果子纷纷落下来,正好落进花盆里,收获颇多。

达尔文用这个小发明,还成功地偷摘过苹果。这些苹果不是留给自己品尝的,而是另有他用。在达尔文家——蒙特庄园附近,有几户人家。达尔文和这些人家的孩子们经常在一起玩耍,其中大部分孩子和他年龄相仿,也有大几岁的。

一天，达尔文向同伴吹嘘说，自己跑起来快步如飞，谁要是没有异议，可以获得一个苹果的奖赏（苹果就摆在脚边的篮子里，是他事先从苹果树上偷摘的）。说罢，小达尔文拔腿就颠颠地跑起来。说实在的，他跑得并不快，但同伴们受到苹果的诱惑，都众口一致地称赞他是“飞毛腿”。大家齐声欢呼：

“从来没见过哪个小孩能跑这么快的！”

“简直是个飞毛腿哟！”

“查尔斯，未来的世界马拉松冠军！”

达尔文听到欢呼声，狂喜得手舞足蹈，他奖励了每人一个苹果。那帮小马屁精捧着苹果大嚼时的表情，和达尔文一样开心。

达尔文从同伴的赞扬声中，获得了极大的满足，无形中也得到了一种鼓励。小家伙后来真的练就了一身跑步的本领。达尔文在寄宿中学读书时，经常在晚上点名后溜出学校跑回家里，和姐姐们聊天，然后赶在关校门前快步跑回学校。布特勒中学离蒙特庄园不到一英里，中途要经过塞文河上的一座桥，达尔文乐此不疲。用他的话说，这“可以经常保持家庭感情，增进自己的兴趣”。

其实是寄宿学校里太枯燥乏味了，老师管得过于严格。达尔文逃回蒙特庄园，能感受到家庭的温馨。有时他玩过了时间，唯恐错过了学校的关门时间而受到严厉处罚，于是一边狂奔，一边在心里祷告“上帝保佑”，果然赶在校门关闭之前回到了学校。达尔文暗自庆幸，自己跑得这么快准是上帝在保佑。好多年后他才知道，上帝是不存在的。

还有一件小学时的事情，达尔文印象很深。

有一次，他向一个名叫莱顿的同学保证，他有办法用一种有颜色的“秘密液体”去浇灌报春花，从而改变花瓣的颜色。

“真的呀？”莱顿同学很惊奇。

“当然是真的。”达尔文回答道，“浇什么颜色的液体，报春花的花瓣就变成什么颜色。如果用多花水仙去试，花的颜色也会变。”

“哦，真了不起哟！”莱顿同学佩服得五体投地。

其实，达尔文是在吹牛，他从来没有去试过。达尔文在回忆录中写道：“我对另一个孩子（他叫莱顿，后来成为著名的地衣学家和植物学家）说：我有本领，用几种有色的液体去浇洒在多花水仙和报春花的植株上，把它们培育成各种不同颜色的花。这当然是天大的谎话，而且我从来没有去做过这一类试验。”但这却表明，达尔文小小年纪就对植物的变异性产生了浓厚的兴趣！

达尔文家的玻璃花房里栽有很多花木。达尔文时常把家里的花朵带到学校里，向同学们展示。有一次他向莱顿吹牛说，只要观察一下花的内部，自己就能说出花的名字。莱顿非常好奇，反复地追问：“你怎么能做到这点呢？”

达尔文答不出来，就搪塞道：“这是我妈妈教的秘诀，不能随便说。”

莱顿信以为真，心想：“他们家的秘诀当然是不能传授外人的。”

这位莱顿同学，后来成为著名的地衣植物学家，说不定和达尔文当年的鼓吹有点关系。

这些虽然是说大话，却反映出小达尔文丰富的想象力——他并不是要故意骗人。

还有一件趣事，足以说明达尔文的天性其实是很憨厚的。

刚进小学不久，有一天，一个叫贾尼特的男孩把达尔文带进一家点心铺。贾尼特拿了几样糕点，没有付钱就大摇大摆地出来了。达尔文觉得奇怪，问他为什么不给钱。原来贾尼特可以在那家铺子赊账，店主已记了账。但他却骗达尔文说：“嗨，你不知道呀？我叔叔赠给这个城镇一大笔钱，定了个规矩：任何人到点心铺拿糕点，只要戴上一顶旧帽子，照这样把帽檐转动一下，老板就不能向他收钱。”说着，贾尼特给达尔文做示范，把头上的帽檐左右转了转。

“真的呀？”达尔文半信半疑。

“百分之百是真的。”贾尼特一脸的庄重,“你跟我来。”

说着,他带达尔文走进街对面另一家点心铺。这家点心铺是刚才那家老板的兄弟开的,贾尼特也可以赊账。贾尼特走进店里,要了几样小点心,自然没有给钱。他煞有介事地把头上的帽檐左右转了转,并对达尔文挤了挤眼。

两人走出来后,贾尼特一脸坏笑地说:“你亲眼看见了吧!”

达尔文点头称是,一脸的惊喜。

贾尼特慷慨地表示:“如果你想去试一试,我可以把帽子借给你。你想吃什么就拿什么,只要你正确地转动帽檐。”

达尔文一口答应,心中跃跃欲试。贾尼特笑嘻嘻地把脑袋上的帽子摘下来,扣在达尔文头上说:“我在外面等你啊。”

达尔文正了正帽子,兴冲冲地返回刚才那家点心铺。他选了好几样糕点,都是自己平日喜欢吃的,然后把头上的帽檐左右转了转,就走了出来。

达尔文刚走出门外,忽然听见背后有人大吼。他扭头一看,是店主冲了出来。达尔文吓得扔下手里的点心,撒腿就跑,像逃命一般仓皇失措。在远处等候他的贾尼特,见此狼狈情景,哈哈大笑。

达尔文这才明白上了当。

小昆虫迷

xiaokunchongmi

达尔文从小就对自然史很有兴趣,尤其喜欢搜集各种各样的小玩物,诸如印章、贝壳、火漆封印、矿石、钱币等等。他的卧室简直变成了一座博物馆。用达尔文自己的话说,他小时候“梦想成为一个自然科学家、古玩收藏家,或者是守财奴”。

小达尔文对昆虫更是情有独钟。他最大的乐趣，就是观察各种各样的小甲虫，并给它们分类。甲虫是鞘翅目昆虫的统称，身体外部有硬壳，前翅为硬鞘翅，覆盖在能飞的后翅上，如金龟子、天牛、屎壳郎等。据说甲虫在恐龙时代之前就有了，那时的甲虫体长约 3 米~4 米，比海龟还大。至于甲虫这种生物究竟诞生了多少年，它们后来为什么变小了，谁也回答不了。甲虫的种类有 36 万种以上，约占世界上已知昆虫总数的三分之一，而且分布极广，多以动植物为食，也有以腐败物质为食者。甲虫和其他昆虫一样，身体分头、胸、腹三部分，有六只脚。它们最大的特征是前翅变成坚硬的鞘翅，已经没有了飞行的功能，只是保护后翅和身体。飞行时，甲虫先举起鞘翅，然后张开薄薄的后翅，再飞向空中。

达尔文 10 岁时，随家人到威尔士的海滨旅游，偶然发现了一种没有见过的斑蝥，竟惊喜得目瞪口呆。这只斑蝥呈长圆形，背部的黑色鞘翅上，有 3 条黄色的横纹，非常漂亮；在鞘翅下面，有棕褐色薄膜状的透明内翅；胸腹部呈乌黑色，长着六条修长的腿。把这只斑蝥捏在手里，虽然它没有放屁，但拿到鼻子下闻一闻，有股特殊的臭气，和打屁虫有一拼。父亲告诉他，这种斑蝥又名西班牙苍蝇，俗称臭弹。怪不得！

达尔文将甲虫分门别类

还有一种黑色带猩红色的大蝴蝶，也让达尔文惊喜不已。那只蝴蝶的颜色艳丽无比，闪着金属的光泽，两个翅膀展开时竟有巴掌大。也许达尔文看到的是一只凤蝶。他还没来得及伸手去捉，大蝴蝶就翩然飞起，消失在树丛中了。

达尔文喜欢把死了的昆虫搜集起来，钉在木板上作标本。因为姐姐告诉他说，把活的昆虫钉死在木板上是不仁慈的。达尔文这种采集昆虫的爱好，也许是一种天性，他的哥哥姐姐都无此癖好。直到读剑桥大学时期，他仍然爱好采集甲虫。达尔文说："甚至再也没有其他任何一种消遣，能够比它更使我有同样强烈的热情，同样浓厚的兴趣了。"

有一件颇为经典的趣事，足以说明达尔文对甲虫的痴迷程度。

那是他后来在剑桥读书的时候。有一天，达尔文在野外游玩。他从树上撕下一块老树皮，看见两只稀有的甲虫，他马上用两手各逮住一只。突然，他又发现了第三只甲虫。这是一种特别漂亮的大十字步甲虫，非常罕见。于是达尔文马上把右手里的甲虫塞进嘴里用牙咬住，想腾出手，抓那只甲虫中的珍品。

但他还没有来得及出手，就感觉到嘴里的甲虫喷出一股辛辣的液体，烧得他舌头发麻。哎呀！达尔文惊呼一声，把嘴里的甲虫吐掉了。 他不知道嘴里的这只甲虫原来是赫赫有名的"屁步甲"。屁步甲的体内有多个小室，分别装有化学成分，只要三种成分混合便可产生高达 100 ℃的毒液。屁步甲在受到惊吓时，会释放这种"秘密武器"来灼伤敌人。结果，那只大十字步甲虫也乘机逃之夭夭了。

达尔文小时候还爱掏鸟窝玩，小家伙心怀慈悲（也是姐姐教导的），在每个鸟窝里只取一个蛋。只有一次，达尔文爬上树桠掏喜鹊窝，发现窝里有六个蛋，非常漂亮。他一时起了贪心，将六只蛋洗劫一空。他用手帕兜着蛋从树上溜下来，正准备凯旋而归向同伴们炫耀时，忽然听见大喜鹊在树梢上喳喳地叫。那声音听起来像是警报，又像是哀鸣。达尔文吓了一跳，马上意识到自己做错了事。他迟疑了一下，又爬上树桠，乖乖地把六个蛋又放回了窝里。

他还追打过小狗，目的是显示自己的强权意识。只见他手挥着鸡毛掸，口中发出汪汪的怪叫声，把那个可怜的四条腿小家伙追得团团转。达尔文事后为这种愚蠢的行为感到很后悔。还好，他出手不重，记得小狗只是被吓跑了，并没有号叫。

达尔文还喜欢钓鱼。起初他学大人用活蚯蚓作鱼饵，但看见带血的蚯蚓在渔钩上挣扎的样子，心里很不好受，觉得有点残忍。后来别人告诉他，用盐水可以杀死蚯蚓。他试了试，确实可行。不过用死蚯蚓作鱼饵，钓上来的鱼少多了。看来，鱼也喜欢吃活食哦。

达尔文经常坐在河边垂钓。他头顶着烈日，全神贯注地盯着水面上的浮漂，心里盘算着："快来咬！快来咬！"傍晚回家时，小家伙的鼻头和脸颊晒得通红，手里拎的小木桶里却只有几条小鱼。

"查尔斯哥哥，你钓的鱼怎么这么小呀？"妹妹嚷道。

"嘿嘿，今天大鱼没有露面。"

"哎呀，今天吃不成鱼排啦！"妹妹叹气。

"小丫头，要吃你自己钓去！"达尔文朝她做了个鬼脸，然后哗的一下，把小木桶里的水连同鱼泼在墙脚。几条小鱼在尘土里蹦跶了几下，就牺牲了。

这就是达尔文。凡是顽童的恶作剧他都上演过，而且演得很精彩。

当然，调皮鬼也有静下来的时候。据姐姐说，达尔文很喜欢一个人独自散步，一边走一边沉思默想。不过即便是散步，达尔文也不同凡响。有一次他从学校回家，绕着什鲁斯伯里的旧城墙根步行。当时他心里不知在想什么事，一不留神，就失足掉到一人多高的墙脚下面，幸好没有摔伤。在那跌落的一瞬间，达尔文的脑海里突然闪过许多奇想，令他惊奇不已。

不可救药的"浪子"

bukejiuyaodelangzi

1818年夏天,9岁的达尔文跟着哥哥爱拉士姆进入城里的寄宿中学就读。

这是一所严格的古典文科中学,课程很单一。校长布特勒博士44岁,曾在剑桥大学基督学院取得文学博士和牧师职位。他在基督学院读书时,因发表研究古希腊颂诗的论文,两次获得奖章。因此,在他主办的这所学校里,特别注重拉丁文和希腊文,只教古典文学,还有少量的地理和历史课程。达尔文喜欢自然科学和博物学,这些课程不对他的胃口。多年后回忆起这所学校,达尔文还感到心有余悸。他说:"这个作为一种教育手段的学校,对我来说,简直是一个空洞无物的地方。"

在哥哥爱拉士姆的影响下,达尔文喜欢上了化学实验。爱拉士姆是个化学迷,他把家里的储藏室开辟成了一个小实验室。两兄弟经常在里面捣鼓试管、曲颈瓶和烧杯等玩意儿,制造各种气体,有时会持续干到深夜。达尔文给哥哥当助手,也成了化学迷。寄宿中学的老师、学生都轻视数理化和生物学等科学知识。同学们知道这件事后,都讥笑达尔文,给他取了个绰号叫"瓦斯"(气体),但达尔文并不在乎别人怎么看。

达尔文哥哥爱拉士姆

达尔文还用心读了几本化学书籍，包括亨利和派克合著的《化学问答》，从中获得了很多化学知识。兄弟俩的事后来传到校长布特勒博士耳里，布特勒把他俩叫到办公室，训斥了一顿。

“没有想到，我们学校出了一个‘波义耳’，一个‘戴维’哦！了不起！”校长挖苦道。

波义耳是17世纪英国大化学家，比牛顿大16岁，曾发现著名的波义耳定律，即在定量定温下，理想气体的体积与气体的压力成反比。戴维是自学成才的英国大化学家，曾用电解方法获得钠、钾、钙、镁、锶、钡等元素，贡献卓著。达尔文在寄宿中学读书时，戴维正担任英国皇家学会会长。

兄弟俩感到委屈，替自己辩解。

“我又不是想当波义耳。”爱拉士姆说，“那目标太伟大了。”

“我也不是想当戴维。”达尔文说。

“你以为你们想当就当得了呀！就凭你们两个鼓捣几个玻璃瓶瓶罐罐，就想成为化学家，简直是白日做梦！”布特勒博士厉声喝道。

“我们只是……喜欢做实验……”爱拉士姆说。

“往锌里面加点盐酸，就能冒出气泡来。”达尔文帮腔。

“呵呵，怪不得大家都叫你‘瓦斯’啊！”布特勒博士瞪着达尔文，冷笑了一声。

“那冒出的气泡，不是瓦斯，是氢气。”达尔文天真地纠正校长的话。

“谁告诉你的，说冒出来的是氢气？”

“没有人告诉。”爱拉士姆替弟弟打掩护。

“是亨利和派克。”达尔文坦白。

“谁是亨利和派克？”校长追问。

“有一本书叫《化学问答》，作者就是亨利和派克。”爱拉士姆解释。那本书达尔文兄弟俩都喜欢看。

“我不管什么‘亨利和派克’。”校长说，“请记住了，我们学校要培养的是神学家、哲学家和诗人，是伟大的弥尔顿，还有拜伦。”

弥尔顿是英国大诗人，其代表作《失乐园》，与《荷马史诗》、但丁的《神曲》并称为西方三大诗歌。拜伦是英国著名的浪漫主义诗人，著有《恰尔德·哈罗德游记》、《唐璜》等，在他的诗歌里塑造了一批具有叛逆性格的孤独英雄。这两位大师都是剑桥大学毕业生，弥尔顿就读的是基督学院，拜伦就读的是圣三一学院。布特勒博士常常以这两位“校友”为荣。

没料到，达尔文两兄弟并不领校长的情。

“我又不想当弥尔顿。”爱拉士姆小声嘀咕。

“我也不想当拜伦。”达尔文跟着说。

布特勒博士哭笑不得，气得脸色铁青。

兄弟俩又辩解了一番也没有用。

第二天早祷结束后，校长当着全校师生的面，说达尔文是个不可救药的“浪子”，叫大家不要以他为榜样。布特勒博士没有点爱拉士姆的名，并不是给他留面子，而是因为弟弟“瓦斯”的名气更大。校长要拿达尔文“杀一儆百”。

有意思的是，许多年之后，这所寄宿学校改成了什鲁斯伯里市图书馆，门口矗立着一座达尔文的铜像。这是一尊全身坐像，达尔文坐在椅子上，膝头翻开一本书，眼望着远方，神态安详。这个当年被校长训斥的“浪子”，既没有当弥尔顿，也没有做拜伦，但他后来成了伟大的达尔文，他成就的进化论伟业，其辉煌和影响远远超过了这两位大诗人。

在七年的中学生涯里，达尔文没有学会拉丁文，也没有掌握写诗的诀窍。维吉尔和荷马的史诗他倒是背了不少，但过不了几天就忘记了。他还读过很多莎士比亚的剧作，不过多是虎头蛇尾。只有希腊诗人贺拉斯的颂诗，令他难忘。在中学的后期,达尔文迷上了打猎,而且练成了神枪手。每逢放假,达尔文经常去舅舅家玩耍和打鸟。

达尔文外公家人(1780 年绘,戴遮阳帽骑马者为达尔文母亲,她背后骑马者为乔斯舅舅)

达尔文的舅舅名叫乔赛亚·韦奇伍德,和达尔文的外公同名,人称乔赛亚第二,他自己则常以乔斯为名。乔斯舅舅一家住在斯塔福德郡的美尔堂庄园,离什鲁斯伯里 48 千米远。乔斯舅舅是达尔文母亲的小弟弟,也是韦奇伍德陶瓷公司的总经理。因为达尔文 8 岁丧母,舅舅和舅母把达尔文视若己出,非常钟爱他。表姐们也很喜欢小表弟达尔文,尤其是小表姐爱玛对他最好。

总之,达尔文在布特勒博士学校的表现平平。父亲和所有老师都把他看做是"一个极其平凡的孩子",学识甚至低于中等水平。有一天,失望的罗伯特医生数落儿子说:"你只知道打鸟、养狗、逮老鼠,其余什么都不管,将来你不仅一事无成,还会让我们家族蒙羞的!"

父亲平日的脾气很好,极少骂人。达尔文挨了父亲一顿骂,心想一定是惹他生气了。小伙子没有吭气,可心中有点委屈。

KEXUE JUREN DE GUSHI

大学时光

爱丁堡大学

aidingbaodaxue

按照19世纪英国上层家庭的习俗：如果有三个儿子，长子应继承父业，次子当牧师，老三到军队服役。达尔文的哥哥爱拉士姆两年前就被送到爱丁堡大学医学院读书，准备将来子承父业。达尔文本该学神学的，但罗伯特医生觉得他不像块当牧师的料，干脆也学医吧。

达尔文的大伯父也叫查尔斯·达尔文，年轻时因为学医断送了性命。这位查尔斯·达尔文才华横溢，在爱丁堡大学医学院读书时，因发表优秀论文得过金质奖章。他是父亲爱拉士姆最大的希望，也是三弟罗伯特·瓦林的学习榜样。在一次解剖尸体时，查尔斯·达尔文被意外割伤，感染了败血症，不治而亡，去世时只有20岁。长子的夭折，对父亲爱拉士姆是个沉重打击。作为幼子的罗伯特·瓦林，起初对学医和手术并没有多大兴趣。不过罗伯特·瓦林是个孝子，长兄去世，学医的担子自然就落在了他的肩上。为了实现父亲的夙愿，罗伯特·瓦林后来选择了学医，并且成就了一番事业。他用已故大哥的名字给达尔文命名，也许包含了一种家族期望，希望达尔文代替早逝的天才，把医学世家光宗耀祖的梦想延续下去。

1825年6月暑假前，在父亲的安排下达尔文从布特勒寄宿中学退了学。10月，进入爱丁堡大学医学院学医。达尔文当时16岁，还差一年才从寄宿中学毕业。

爱丁堡位于英国北部的东海滨，是苏格兰的古都，也是一座历史文化名城，有"北方雅典"之称。这座古城两百年来诞生过很多名人，包括英国著名物理学家麦克斯韦(被誉为"电波之父")、美国的电话发明家贝尔、大名鼎鼎的柯南·道尔(《福尔摩斯》小说作者)、对数的发明人约翰·纳皮尔,还有英国首相布莱尔等。据说风靡全球的《哈利·波特》第一集,也是罗琳女士在爱丁堡的一家咖啡馆里写出来的。不过在达尔文赴爱丁堡学医时,麦克斯韦(1831-1879)和贝尔(1847-1922)都还没有出生。

在去爱丁堡求学之前,达尔文从来没有到过大城市。什鲁斯伯里是个小镇,人口只有几万。爱丁堡的繁华和古典,让小伙子大开了眼界。

已在爱丁堡大学读大二的哥哥爱拉士姆,陪着达尔文到学校注册报到。兄弟俩在医学院附近的洛西恩街 11 号,租到一个舒适的寓所房间。房东麦凯太太是个热心的胖寡妇,对两兄弟的食宿照顾得很周到。

古老的爱丁堡城

爱丁堡大学位于爱丁堡的市中心,是英国最古老的一所大学,创建于1583 年。爱丁堡大学医学院是英国最好的医学院之一。当时爱丁堡大学教授的薪金,不是由学校发给,而是靠学生提供,也就是靠学生购买听课证获得。每门课每学期要付 3 英镑,收费不菲。这很有意思,它意味着受学生欢迎的教授收入丰厚,不受欢迎的教授收入就少。为拍摄达尔文的纪录片,CCTV(中国中央电视台）一个摄制组2009年曾到爱丁堡大学采访。学校图书馆向摄制组展示了有关达尔文的珍贵文物，包括达尔文兄弟俩当年的入学登记和听课证等。其中有一张达尔文去医院实习的观摩证，也是购买的，可以用来去病房或手术室观察病人。值得一提的是，这张观摩证上注明是“永久性的”。这表明达尔文最初学医是很认真的。

爱丁堡大学

在达尔文起程来爱丁堡之前，为了增强儿子的信心，罗伯特医生曾特地鼓励达尔文说：“好好学，你将来一定会成为一个名医的！”达尔文心里也着实兴奋了一阵。他从寄宿中学退学后，曾在父亲的诊疗室里帮了一阵子忙，护理妇女和儿童患者，负责填写病历卡、配药等。有一天他至少护理了12个病人，对医生的光辉形象和职责有了一点切实感受。

可是进入爱丁堡大学后，达尔文才发现自己和医学好像无缘。

首先是他对学科有偏废的倾向。因为在中学时喜欢化学，所以他对霍普教授的化学课很有兴趣，而不喜欢上另外两个教授的课：一是邓肯教授的《药物学》，二是蒙罗教授的《解剖学》，认为这两门课讲解的内容“异常单调乏味”。实际上，对医学院学生来说，《药物学》和《解剖学》是非常重要的专业基础课。就算不当医生，搞生物学和物种研究也非常需要解剖学知识。达尔文晚年时后悔地说，没学好这两门课“是一个不可挽救的损失”。

影响达尔文学习情绪的另一个原因，是蒙罗教授的学识肤浅，行为粗俗。1826年1月，达尔文在写给二姐卡罗琳的信中愤懑地说：“我选了蒙罗老师的解剖课。我觉得蒙罗本人和他的举止行为都很肮脏。"这位蒙罗老师,祖孙三代都是爱丁堡大学的解剖学教授。也就是说,达尔文爷爷当年在爱丁堡大学学医,就是听的蒙罗爷爷的解剖课。照理说,这教授世家的传统,是蒙罗老师宝贵的精神财富。岂知蒙罗家一代不如一代,老蒙罗的精湛医术和高尚医德,传到孙子蒙罗教授时已经荡然无存。3英镑一张的听课证,蒙罗教授卖得很火,他操刀授课的环形阶梯解剖室,足够坐几十个学生了。有一天,达尔文和几个同学发现,蒙罗教授讲课用的竟然是他爷爷的讲义,达尔文和同学们大为震惊。上解剖课时,看着蒙罗教授用一把生锈的解剖刀漫不经心地拨弄尸体时,达尔文厌恶得几乎要作呕了。

除此之外,还有一个原因,也造成了达尔文对解剖室产生了心理上的抗拒。达尔文的大伯父当年就是死于解剖台的,这个阴影像梦魇一样缠绕着他,使达尔文对解剖台有一种天生的恐惧感。

达尔文在爱丁堡医院的手术室实习时,目睹了两次恶劣的医疗手术:一次是给一个妇人作剖宫产,另一次是给一个女孩截肢。当时的手术不使用麻醉剂,只给病人灌点酒,再用纱布塞住病人的嘴,不让喊出声来。手术时病人拼命挣扎,痛不欲生。达尔文在看截肢手术时,实在难以忍受,便夺门而逃,大叫:"这太可怕啦!"从此,他再也不进手术室,当医生的梦也随之破灭。

不过,爱丁堡大学的时光并没有完全虚度。达尔文结识了不少朋友,活跃在各种学术活动里。他还学会了泡图书馆,饱览了很多有趣的书。据说在爱丁堡大学的图书馆里,达尔文兄弟俩借书的次数,是同期内学校里借书最多的学生。

达尔文的朋友中,有一位葛兰特医学博士,是动物学和比较解剖学专家。达尔文经常和他到海滩上去采集海生动物,解剖后制成标本。达尔文还把采集心得写成两篇关于海蛭卵和墨角藻的小论文,在校内的普林尼学会上宣读。

这是达尔文最早的学术论文。葛兰特在《爱丁堡科学杂志》发表的论文中，特别提到达尔文的这些发现，让达尔文兴奋了好几天。

有一天，葛兰特对达尔文谈起法国博物学家拉马克，竭力称赞拉马克的生物进化观点。达尔文听后非常惊奇，受到很大震动。在此之前，达尔文曾读过祖父的著作《生物规律学》，这本大部头书有 4 卷，其中也提到生物是进化而来的思想。这些早期的生物进化观点，无形中对达尔文产生了影响。

达尔文曾在回忆录中说："我在一生中较早听到的这些主张和观点，促进了我在《物种起源》一书中以不同方式提出的进化观点。"

在爱丁堡学习期间，达尔文还结交了一个黑人朋友。这位黑人名叫约翰·爱德蒙斯通，住在洛西恩街 37 号，离达尔文寄宿的地方只有几步远。爱德蒙斯通的家乡在南美洲圭亚那。他小时候曾经当过黑奴，从南美被贩卖到英国。后来他获得自由，辗转来到了爱丁堡，靠给博物馆制作动物标本谋生。爱德蒙斯通制作鸟类标本的精湛技艺，让达尔文赞叹不已。于是他自己掏钱，向这位黑人师傅学艺。每天学习一小时，持续学了两个月。爱德蒙斯通非常憨厚朴实，他把自己的技艺毫不保留地传授给了达尔文。达尔文后来乘"贝格尔号"舰环球考察，沿途收集了大量动植物标本，爱德蒙斯通教他的手艺帮了大忙。

和爱德蒙斯通的友谊，对达尔文的思想和信念产生过积极的影响。这位黑人老师给达尔文讲了好多南美洲的故事，尤其是热带雨林的壮美，令达尔文无比神往。他憧憬着自己有机会可以去那里探险。爱德蒙斯通勤劳善良，待人友善，达尔文对他颇有好感。他在给二姐卡罗琳的信中写道："这位师傅是个非常令人愉快的聪明人。"这样的褒语在当时是很难得的。在达尔文生活的年代，英国的种族歧视观念仍然根深蒂固。许多上流社会的人士声称，黑人和有色人种原本是上帝单独创造出来伺候白人的。这种歪论甚至一度成为欧洲白人在殖民地奴役有色人种的依据。达尔文却把爱德蒙斯通当兄弟看待。

许多年后，达尔文在《人类起源》一书中，专门谈到了他的这位黑人朋友，并阐明无论欧洲人、黑人，还是美洲的印第安人，在生理结构和心理特征上，都有许多极为相似的地方，因此，他们无疑拥有共同的祖先，并非像基督教宣称的那样，是由造物主分别创造出来的。据说，因为曾经担任过达尔文的老师并且对达尔文的思想产生过深远影响，在一百年后，爱德蒙斯通入选了“历史上最杰出的一百位非洲裔英国人”。

一年后，哥哥爱拉士姆毕业，离开了爱丁堡大学，留下达尔文在医学院里孤军坚守。达尔文经常不去听课。

在爱丁堡待了不到两年，达尔文无可奈何地告诉父亲，自己继续学医学已经毫无意义。尽管这让父亲很失望，达尔文也只好实话实说。

美尔堂庄园

1827 年 4 月，达尔文从爱丁堡大学退学回家。

这年秋天，达尔文和妹妹凯瑟琳到乔斯舅舅家玩。傍晚，大家在月光下围坐在一起，听音乐、唱歌、高谈阔论。在斑斓的秋色里，跟着乔斯舅舅骑马上山狩猎。达尔文对乔斯舅舅怀着敬仰和依恋之情。在达尔文的眼里，乔斯舅舅是一个严肃的绅士，平日不苟言笑，但偶尔也会纵声大笑。

达尔文的脑海里常常涌现出贺拉斯的颂诗，形容乔斯舅舅。诗句如下：

市民的歪风邪气，
暴君的专断形象，

全都撼不动——

正直人的正义不屈精神!

剑桥大学

jianqiaodaxue

见儿子放弃学医，无一技之长，罗伯特医生担心达尔文将来不能成家立业。思前想后,他决定还是让达尔文去读神学。

“我本来是希望你做个名医的,就像我一样,能够济世救人,受人爱戴。”父亲说得语重心长。

“对不起,我辜负了爸爸的苦心。”达尔文有点赧颜。

“看来你和医生无缘。看见血头就发晕,怎么行医哦!”

“我也是这么想的。”

“这样吧。”父亲好像经过了一番深思熟虑,问他道,“你愿意当个牧师吗?”

“做牧师?”达尔文沉吟。

“对,牧师有丰厚的收入,受人尊敬,还可以自由支配时间。”爸爸告诉他说,“你甚至不用有信仰,很多牧师都是这样的。只要不告诉你老婆,自己守住秘密就行了。你会被人邀请参加最好的派对,你会有丰厚的收入,漂亮的房子,你还会有很多时间,可以去乡间游玩,收集甲虫和鸟。”

特别是他说的最后一句,对达尔文颇有吸引力。

“我想想看。”达尔文回答说。其实,他已经心动了。

听了父亲的决定,18岁的达尔文觉得，当一个乡村牧师肯定比当个医生愉快些。而且牧师有闲暇时间,可以搞自己喜爱的自然科学研究,哥白尼就是一个例子。波兰天文学家哥白尼当了一辈子神甫,在弗龙堡潜心研究30年,写出不朽的科学巨著《天体运行论》。

而且牧师和神甫还有点区别。两者都是神职，基督教称牧师，天主教称神甫，牧师可以结婚，神甫规定要独身。在基督教教义中信徒可以直接和上帝交流，《圣经》以牧人比喻耶稣，以羊群比喻教徒，而主持教务的人则称为牧师；在天主教教义中信徒只能通过神职人员和上帝交流，神甫的权责要大得多。

达尔文同意了父亲的建议。为此，他还特地细读了皮尔森的《论基督教义》和其他几本神学书籍，对《圣经》里的内容毫不怀疑。

达尔文后来回忆说："一想到后来正教的牧师和主教们曾经对我作了那么凶恶的攻击时，我一度想当牧师的想法，显得多么滑稽可笑啊！"

1828 年 1 月，在罗伯特医生的安排下，19 岁的达尔文进了剑桥大学基督学院学习神学。由于他的中学课程荒废了不少，在去剑桥之前，达尔文在什鲁斯伯里家乡找私人教师恶补了一阵希腊文。看到全校最淘气的达尔文"瓦斯"，终于走进光荣的剑桥基督学院，而且学的是神学，那个布特勒校长暗自高兴了好一阵。

剑桥大学基督学院

达尔文的哥哥爱拉士姆这时也在剑桥大学，读的是医学博士。于是，达尔文兄弟俩一起寄居在悉尼街烟草商培根家的楼上。达尔文又成了哥哥的跟班。仿佛是上帝的安排，他的求学轨迹总是跟在老大的屁股后面。好在爱拉士姆不久就获得医学博士学位，回伦敦去了，达尔文又可以不受管束了。

剑桥大学基督学院创办于1505年，是专门培养牧师的学院。达尔文进校后，还是照样贪玩。他与同校的纨绔子弟为伍，打猎、骑马、酗酒、赌钱，样样都来。看来，当年中学校长说他是“浪子”，也并非是乱扣帽子。有段时间，他还爱上了绘画，经常光顾画廊。他对音乐也产生了兴趣，参加了一个爱好音乐者的小团体，还到剑桥大学英皇学院的教堂倾听圣歌，模仿唱诗班的调子自娱自乐。不过他常常唱得荒腔走调的，同学们都嘲笑他“五音不全”。

DARWIN & his HOBBY

漫画：骑在巨型甲虫背上的达尔文

在剑桥，达尔文还特别热衷昆虫学。前面讲到的“嘴咬昆虫”的趣事，就发生在剑桥。达尔文经常和朋友结伴到野外的河边、树上和枯草里，搜寻稀奇的昆虫品种，制成标本，分类收藏。

剑桥是一个只有几万居民的小镇，位于伦敦北面80千米处。镇上有一条河流穿过，这就是著名的“康河”。剑桥大学既没有围墙，也没有校牌，镇校一体，整座校园郁郁葱葱，别具一格。康河弯弯曲曲，穿城而过，垂柳拂岸，一派田园风光。当年剑桥师生需要的粮食、木柴和其他日用品，大都是通过河上的驳船长途运来的。货物搬上码头后，驳船上残留的一些麦秸或者垫舱的稻草里往往藏着不少昆虫。于是，达尔文花钱雇人上船寻找，运气好的话，能发现本地没有的稀有品种。每当这时，达尔文就如获至宝。

达尔文对昆虫的痴迷，在同学中是出了名的。他的一个剑桥同学艾伯特·韦画了一幅漫画，画得活灵活现，题名“骑在巨型甲虫背上的达尔文”。

从孩童时期到剑桥，达尔文与昆虫打交道的经历已长达十年。儿时只是好玩，如今已不再是单纯的爱好，达尔文把它当做一种自然科学的研究。他试着将昆虫分门别类，还把发现的新品种寄给伦敦的昆虫学专家斯蒂芬。在斯蒂芬后来出版的《不列颠昆虫图集》中，有一种蛾和 12 种甲虫，就注明由"查尔斯·达尔文先生采集"，说明达尔文的昆虫学水平很专业。达尔文在回忆录中特别提到这件事。他写道："任何一位诗人，在看到自己的处女作诗篇发表时，都会感到欣喜。当我看到斯蒂芬的《不列颠昆虫图集》，其中出现了'查尔斯·达尔文先生采集'这几个富有魅力的字眼时，我的喜悦之情却超过了诗人！"

达尔文在剑桥大学基督学院学习了三年。三年的光阴，他究竟学习了多少课程，在达尔文的传记和回忆录里，没有留下详细记载。剑桥大学开设了几门公共课程，学生们可以自由去听课。达尔文最喜欢听的是亨斯罗教授讲的植物学。此外，他还学了代数学、欧几里得几何，还有一些希腊文和拉丁文的古典著作。为了应付学位考试，他还认真研读了神学家柏利的《基督教教义验证论》和《伦理学》，甚至能把《基督教教义验证论》里的内容全部默写出来。

1831 年 1 月，达尔文顺利通过基督学院学位考试，成绩名列第 10 位。达尔文因为是春季入学的，按照学校的规定，必须留校再读两个学期才能毕业。4 月 26 日，达尔文取得文学士学位。这意味着他有资格当牧师了。

达尔文说："我在剑桥大学这三年，可以说是我一生最幸福、最快乐的日子，因为我身体健康，朝气蓬勃，兴趣盎然。"

达尔文在剑桥大学最难忘的经历，是有幸结识了亨斯罗教授。正是这位睿智的博物学家，让剑桥成为达尔文走向辉煌事业的起点。

同亨斯罗教授散步的人

tonghengsiluojiaoshousanbuderen

达尔文在来剑桥大学之前，就听哥哥谈过亨斯罗教授。哥哥告诉他，剑桥大学有个了不起的亨斯罗教授，学识渊博，对各门功课无所不知。这让达尔文对亨斯罗教授充满了崇敬感。

达尔文进入剑桥后，还没有见到亨斯罗的面，就听到一个同学的评价："他什么都懂。"亨斯罗比达尔文大13岁，22岁被选为皇家学会会员，26岁成为剑桥大学的矿物学教授，29岁又被任命为植物学教授，是剑桥大学最优秀的青年教授。

达尔文急不可待地去听亨斯罗教授的植物学课。亨斯罗衣着合体，系着领结，模样英俊潇洒，讲起话来声调抑扬顿挫。他一登上讲台，达尔文顿觉眼前一亮。

教室里挤满了来听课的学生，连窗台上都坐满了人。青年教授的思路敏捷，口才极好。他的课讲得条分缕析，妙趣横生，还配有若干精美的挂图，达尔文一下子就被吸引住了。通过几个昆虫迷同学的引见，达尔文很快就和亨斯罗教授熟识了。虽然大家都敬畏他的渊博学识，但在亨斯罗身上有一种人格魅力，使学生们同他在一起时毫无拘束的感觉。

亨斯罗教授每学期都要带植物班的学生到野外考察旅行，有时徒步去稀有植物的产地，有时坐邮车去更远的地方，有时会乘驳船顺流而下到沼泽地去。他沿途向学生们讲解看见的稀有植物或动物，并回答大家提出的各种问题。达尔文成了旅行考察的积极分子。他们到山谷看野百合，在荒地里捕捉带黄条纹的蟾蜍,在松软的沼泽地上追蝴蝶。每一次野外旅行都给达尔文留下了美好的回忆。在旅行中,亨斯罗快活得像个大孩子。有一回,一个学生在湿地里笨手笨脚地捕捉凤尾蝶,一不小心摔了个仰面朝天,浑身是泥,竟逗得他哈哈大笑。

在亨斯罗身上有一种绅士风度和潇洒气质, 他学识渊博, 对学生循循善诱,待人彬彬有礼。有一次,达尔文察看一块潮湿的试板上摆着的花粉粒,看见有几根花粉管伸了出来。达尔文非常惊喜,立即跑去找亨斯罗教授,向他报告了自己的新奇发现。亨斯罗听后温和地点点头说:“是的,这的确很有意思。”然后教授告诉达尔文,成熟的花粉粒遇到合适的温度和光照,花粉管就会穿出花粉囊。这个现象其实很普通,早已是众所周知的了。达尔文这才意识到,自己刚才是大惊小怪了,他还以为发现了植物学的新大陆哩!但达尔文向亨斯罗教授告辞出来时,一点都不感到难堪。亨斯罗教授既没有扫他的兴,又告诉了他事实的真相。要是换成别的教授,恐怕早就为他的冲动和自以为是笑弯了腰。

亨斯罗教授

达尔文发现,亨斯罗身上还有一种可贵的品质,就是大义凛然的正义感。有一次,达尔文和亨斯罗正在剑桥街头散步,意外地目击了一场暴乱。两个刚被逮住的盗尸犯,在押送去监狱的途中,遭到一群乌合之众的狂殴。当时的场面完全失控了。一帮恶汉从警察手中抢过犯人，倒拖着他们的腿，在泥泞的石子路上跑。犯人的全身沾满了泥泞和鲜血，四周围观的人还一个劲地朝他们扔石头，并施以拳打脚踢，眼看两人就要被打死了。亨斯罗目睹了这一可怕情景，脸色突变，无比愤慨。他几次企图冲进这群暴徒的包围圈将人拉开，但都没有成功。于是，亨斯罗马上跑去找市长报警，并大喊叫达尔文快去找更多的警察来。援兵终于赶到了，那两个盗尸犯总算捡回了性命。

亨斯罗每周五都要在家中举行一次晚会，称为“剑桥哲学会”。参加者都是自然科学爱好者，有许多青年学生，也有教授、学者。大家交流思想，相互切磋，无所不谈。一些剑桥的名人，也是晚会的常客。他们引经据典，高谈阔论。那些睿智的思想、精妙的谈吐，常使达尔文这些年轻学子心潮澎湃，梦想能干出一番事业。达尔文对自然科学的痴迷和渊博的博物学知识，令亨斯罗教授对他十分赏识。两人很快建立了深厚的友谊。

达尔文在回忆录里写道：“在剑桥我同亨斯罗教授的亲密关系与日俱增，而他的仁慈是无止境的，他不断请我到他家中去，还允许我陪他散步。他谈论各种问题，包括他对宗教的深奥见解，而且坦诚相见。我从这样一位优秀人物那里得到的益处比我所能表达的要多得多。”

亨斯罗教授笃信宗教，思想很正统，有一天他告诉达尔文，如果“英国国教的三十九条教规”被改动一个词，他都会感到伤心。但当达尔文在科学和神学之间徘徊的时候，亨斯罗却毅然将达尔文引向了科学之路。

他坦诚地对达尔文说：“其实当牧师并不是你的专长。你考虑过毕业后留在剑桥吗？可以攻读自己感兴趣的专业，很快你就能加入皇家学会。”

这话让达尔文很动心。

亨斯罗教授经常请达尔文到家里吃晚饭。席间的话题，大都集中在自然科学方面。亨斯罗的学识广博，对植物学、昆虫学、化学、矿物学都有深入研究，地质学上的造诣也很高。达尔文同他交谈，受益匪浅。达尔文在剑桥的后半学期，几乎每天都要和亨斯罗教授一起作长距离的散步，他因此也得了个外号——“那个同亨斯罗教授散步的人”。

达尔文后来在回忆录中写道：“我同亨斯罗教授的友谊，对我一生事业产生的影响是无可比拟的。”

这充分说明了，亨斯罗教授对达尔文一生事业的深远影响。

达尔文的曾孙在接受 CCTV 记者采访时说：“亨斯罗对科学具有献身精神，他认为科学是一项可以为之奋斗终生的事业。同时，亨斯罗还认为科学知识应该由科学家坦诚而慷慨地与大众分享，而不是据为己有。正是这些原因，使达尔文非常钦佩亨斯罗。亨斯罗在达尔文眼中就是科学家的楷模。”

南美的诱惑

nanmeideyouhuo

在剑桥的最后一年，达尔文还听从亨斯罗教授的建议，选修了著名教授塞治威克的地质学课。塞治威克讲课的风格是滔滔不绝，富于雄辩，而且饶有趣味。他对达尔文的悟性评价颇高。

达尔文曾跟随塞治威克到野外勘察过几次，受到不少地质学方面的训练，诸如怎样绘制地质图，如何采取岩石标本，如何找寻生物化石等等。塞治威克教会了达尔文许多专业知识，他预言达尔文将会成为一名出色的博物学家。不过多年后，当弟子达尔文的《物种起源》轰动学界时，作为老师的塞治威克教授却站到了反对派一边。这是后话了。

一天，达尔文随塞治威克在什鲁斯伯里附近勘察了一个古代砾石坑。一个工人说，他在这个坑里发现了一个热带大蜗螺贝壳。达尔文叫他拿出来瞧瞧，那工人拿给了他。达尔文仔细端详,看那大蜗螺的模样很像家庭壁炉上作装饰的那种贝壳。达尔文问他卖不卖,那工人说要留作纪念,所以恕不出售。达尔文因此相信,这蜗螺贝壳确实是在砾石坑里找到的。

于是,他把这件事告诉了塞治威克教授。

塞治威克听后立即说:“这肯定是有人把它扔进砾石坑的。”

达尔文表示,自己也是这样想的。

塞治威克教授沉吟了一下说:“如果它真是天然沉积在砾石坑地层里的话,那对地质学来说将是莫大的不幸。”

“教授,为什么呢? ”达尔文不解。

“因为这会推翻我们关于英格兰中部各郡地层结构的一切知识。”塞治威克回答说,“这些砾石层,实际上属于冰川时期的产物,这里怎么可能有热带的大蜗螺呢! ”

“这是不是意味着,传统的地质学观念将被推翻? ”达尔文问。

“是的,但愿我们说的只是假设。”教授说。

没想到,塞治威克教授的话不久就应验了。几天之后,达尔文和塞治威克在这个砾石坑里,发现了不少热带软体动物的贝壳碎片。达尔文非常吃惊,如果没有地壳的运动和升迁,它们是不可能跑到砾石坑里来的。不过,塞治威克教授看见这些贝壳碎片,脸色严肃,一点

塞治威克教授

都高兴不起来，心情似乎还有几分沉重。达尔文不明白塞治威克教授为何这么失态。虽然达尔文读过不少各门学科的书籍，但当时还不懂得科学在于综合事实，进而才能从中得出一般的规律。

在剑桥大学，达尔文阅读过各种自然科学书籍，其中有两本著作对他产生了重大影响，一部是亚·洪堡的《南美旅行记》，另一部是约翰·赫歇尔的《自然哲学研究入门》。

达尔文这样描写他读这两本书时的心情：

> 我在剑桥的最后一年，曾以极大的兴趣仔细阅读了亚·洪堡的《南美旅行记》。这部著作和约翰·赫歇尔爵士的《自然哲学研究入门》激起了我火热般的心情，希望在自然科学的殿堂上添加一点极其微小的贡献。这两部书对我的影响极为深刻，超过了其他任何一本书、甚至一打书的效果。

约翰·赫歇尔（1792—1871）是英国青年天文学家，也是位摄影爱好者，兼数学家和化学家。他是著名天文学家威廉·赫歇尔的儿子，毕业于伊顿公学及剑桥大学圣约翰学院。

1823年，31岁的约翰·赫歇尔负责校验父亲编制的双星星表，因成绩卓著获得英国皇家天文学会颁发的金质奖章。《自然哲学研究入门》是约翰·赫歇尔写的一本通俗哲学著作，也是一部精彩的科普读物。内容生动有趣，思想深邃，耐人寻味。达尔文读后，受益匪浅。约翰·赫歇尔指出："有些过于偏激的人，反对研究自然哲学，以为这种研究往往令人怀疑灵魂不灭，嘲笑宗教……真正的哲学家，绝不强词夺理，偏执主观成见。他所盼望探求的，乃在求万事合乎真理。"他还说："凡属真理，决不能互相抵触。地质学既不能妨碍《圣经》的真理，摩西的宇宙论也断无伤于地质学原理。”

亚·洪堡(1769—1859)是德国探险家和博物学家,近代气候学、地球物理学的创始人。洪堡出生于一个贵族家庭,父亲是宫廷侍卫官,世袭男爵,母亲为法裔。洪堡接受过良好的教育,早年在普鲁士矿产部从事植物学、地质学、气象学研究,后来从事野外考察、著书和讲学。他自幼志趣广博,尤爱旅游,终生未婚。

1795年,洪堡去意大利和瑞士进行植物学、地质学考察。1799年开始漫游世界。他的科学考察足迹遍及中亚和南北美洲,著述颇丰,流传甚广,成为当时人们极感兴趣的话题。他被称为气象学、地貌学、火山学和植物地理学的创始人之一。洪堡发现的物种有洪堡企鹅、洪堡猪鼻臭鼬、洪堡天竺葵、洪堡百合、洪堡兰、南美柞树、食虫植物狸藻等。用他的名字命名的自然现象,还有洪堡海流(大西洋)、洪堡河(北美洲)、洪堡海(月球)等等。洪堡一生享有诸多美誉,如“哥伦布第二”、“科学王子”和“新亚里士多德”。洪堡的旅行经历和著书,引起欧洲各国的追随者纷纷效仿,开始组织类似的考察和旅行。

德国探险家和博物学家亚·洪堡

《南美旅行记》是洪堡最著名的一部著作,全名是《1799年—1804年新大陆热带地区旅行记》,共30卷。书中记录了洪堡1799年—1804年间到南北美洲考察的探险经历。1808年开始撰写,1827年完成,历时19年。达尔文进入剑桥大学学习时，这本大部头书刚刚出版，好评如潮。

达尔文从剑桥大学图书馆借来《南美旅行记》，反复读了许多遍，爱不释手。他还抄录了大段有关特内里费岛美丽景观的描写。这座岛屿位于非洲西北部，大西洋中部，是加那利群岛中的主岛。岛上有座火山形成的泰德峰，高3718米，风景绮丽。特内里费的拉丁语意思为“雪山”。特内里费岛的原住居民为关伽族人，建有关伽酋长国。1495年西班牙占领了特内里费岛，建立起殖民地。随后，陆陆续续不断有新的欧洲移民涌入岛上。

1799年，洪堡博士登上了特内里费岛的泰德山顶峰，并在《南美旅行记》中描绘了泰德山顶的景观，对特内里费岛赞美不已。特内里费岛，一年四季色彩斑斓，红色、黄色、紫色和橙色……美不胜收，再加上所有的香味，热带气候，活像人间天堂。

泰德峰是特内里费岛的最高峰，也是全球第三高的火山结构地形。由于海拔落差大，气候条件使自然景观出现了许多变化，巨大的垂直落差和火山活动使这里形成了独一无二的自然生态系统。这独特的地貌特征，对于地质学家和探险家们，更充满了神奇的诱惑。

一次在随亨斯罗教授到乡间旅行时，达尔文掏出抄录的特内里费岛的笔记，高声朗诵给亨斯罗教授和几个同伴听。大家被达尔文的情绪所感染，一起谈论特内里费岛的壮美景观。当场就有伙伴表示，有机会一定要去那个地方旅行。

达尔文知道这几个人只是一时心血来潮，说说而已。但他却非常想去特内里费岛，一路上异常兴奋，憧憬着到洪堡笔下描绘的热带岛屿去旅行。回到剑桥后，达尔文设法搞到一张给伦敦商人的介绍信，打听开往特内里费岛的航船班期。

就在这个时候，一只幸运的小鸟悄悄飞来，落在他的肩头。

KEXUE JUREN DE GUSHI

环球考察

改变一生的机遇

gaibianyishengdejiyu

这年初夏，达尔文回到家乡什鲁斯伯里过暑假。

他先到乔斯舅舅家玩了几天。还邀约了几个好友到树林里捕鸟，制作标本。达尔文念念不忘的是去南美洲考察的愿望，他做了一些筹备，包括写信联络同行的人、突击学西班牙文等等。8月上旬，达尔文邀请塞治威克教授来什鲁斯伯里做客。他陪同教授到北威尔士山区走了一趟，进行地质考察。

8月29日，达尔文回到家，意外地收到亨斯罗教授的一封信。

这封信是五天前从剑桥寄出的。亨斯罗在信中说，英国政府准备派遣“贝格尔号”军舰去南美作一次科学考察，任务是测量火地岛南端的地形，然后对南部海洋中的诸多岛屿进行探访。舰长名叫费茨罗伊，需要一个博物学家随舰同行。于是亨斯罗教授推荐了达尔文。教授写道：“这次航行将历时两年，如果你带上大量的书籍，那么你喜欢做的大都可以做到。你将会有许多自由支配的机会。总之，对于一个有热心、有志气的人来说，我想没有比这更好的机会了。”

亨斯罗教授得到的信息，是剑桥大学天文学教授乔治·皮克提供的。乔治·皮克在信中请亨斯罗教授推荐一位理想的博物学家。亨斯罗回信推荐了达尔文，并同时向达尔文发出了邀请信。

达尔文读罢信，兴奋不已，当即向家人宣布：“我要去！”

他意识到这是一个非常难得的考察机会。亨斯罗教授在信中也叮嘱他说：“我热切盼望你抓住这个机会。”

不料，父亲却强烈反对。罗伯特医生提出很多理由：达尔文就要做牧师了，到军舰上去混有失身份；达尔文没有航海经验，缺少准备的时间；那个费茨罗伊舰长一定事先找过别人，都不愿意去才来找达尔文的，说明这次航行有问题；达尔文要是参加了这次环球考察，也许又不想当牧师了，等等。总之，他认为这次考察不但对达尔文的前途没有什么帮助，而且很危险。父亲这时已 67 岁，他的谨慎自有道理。

见父亲态度坚决，达尔文很失望。他不愿和父亲闹僵了，即便是顶撞也没有用，父亲肯定不会提供经济援助的。

第二天晚上，达尔文给亨斯罗教授回了一封信，说明其中原委，他对不能参加这次航行表示遗憾，并向恩师道歉，感谢他的推荐。

次日，达尔文骑马到美尔堂庄园舅舅家，准备上山打猎。乔斯舅舅听他说起环球旅行的事，认为这是一次增长知识的好机会，达尔文应该参加。

达尔文无奈地说："我爸坚决反对。"

"嗨，这顽固的胖姐夫！"乔斯舅舅嘟囔了一句，同情地问外甥，"还有没有挽回的余地呢？"

达尔文回答说："我爸最后说了一句：'要是你能找到一位有见识的人，他劝你去，那我就允许你去'。"

乔斯舅舅认为还有一线希望，于是鼓动外甥当晚给罗伯特医生写了一封"申诉信"，再次请求参加这次环球旅行。

达尔文在信中试探地写道："亲爱的父亲：恐怕我要再度使你感到不愉快。但是经过考虑以后，我认为你会再一次原谅我的，我现在谈一谈对这次航海的意见……"随后，达尔文搬出舅舅当"救兵"，说"我已经把你的反对理由列成了一个表，我非常希望它是准确而详尽的，我把它交给了乔斯舅舅，他恳切地对各项理由提出了他的意见。这个表和他的答案将在这封信中附去。"

有意思的是，达尔文在信后列出了父亲反对的八条理由，而附在后面的乔斯舅舅的亲笔信，则对这八条理由逐条进行了婉转而有说服力的反驳。

乔斯舅舅认为：这次航行并不是丢人的事，相反，对达尔文来说很光荣；业余研究博物学，对一个牧师也是非常适合的事；海军肯定不会派一艘破军舰去干这事，所以安全方面尽可放心；达尔文也不会因为参加这次航行，变得生活方式和性格不稳定……这次航行对达尔文的职业看起来没有什么用，但如果把他看做一个具有强烈好奇心的人，这次航行将为他提供一个难得的机会。

第二天早晨，达尔文派人乘马车把信送往什鲁斯伯里家中，然后外出打猎去了。上午10点，乔斯舅舅把达尔文找回来，决定亲自陪他去一趟什鲁斯伯里，当面说服罗伯特医生，足见这位舅舅对外甥的厚爱。

如果要评选"天下难得的好舅舅"，有三个人可以当之无愧，一个是哥白尼的舅舅，一个是牛顿的舅舅，再一个就是这位达尔文的舅舅了！哥白尼10岁时父母双亡，全靠舅舅瓦兹洛德主教一手把他培育成人。瓦兹洛德学识渊博，思想开明，是波兰文艺复兴运动的先驱者，对哥白尼的成长产生过重大影响。牛顿是个遗腹子，在他出生前三个月父亲就去世了。后来母亲改嫁，继父是个63岁的老牧师。牛顿14岁时，继父去世。母亲把牛顿从学校召回来在家里帮着种地，希望他继承祖业当一个农夫。但牛顿整天心不在焉，舅舅阿斯库牧师发觉牛顿是块读书的材料，竭力劝说妹妹让牛顿重返中学读书。要不是这个阿斯库舅舅，牛顿一辈子就埋没在农田里了。当然，仅仅有个好舅舅还不够，要想成才，最终还得凭自己的努力才能成功。

话说回来。9月1日当天，当达尔文舅甥俩天黑赶到家时，获知父亲收到了达尔文和舅舅的信，已同意他去参加环球航行。罗伯特医生一向很赏识乔斯，这位企业家妻弟的话他听了进去。乔斯舅舅当然算一位"有见识的人"哦！

达尔文欣喜若狂！但他担心这个位置已经有人占了，晚上只打了几个小时的盹，9月2日凌晨3点就搭上公共马车往剑桥赶。下午，公共马车抵达终点站伦敦，达尔文又雇了一辆四轮马车，在乡间田野里向北一路狂奔。夜幕降临，达尔文终于赶到了剑桥，当他风尘仆仆地出现在亨斯罗面前时，教授吓了一跳。

“嗬！你不是已经放弃了航行邀请吗？”

“是的……哦，不是，是这样……我父亲终于同意我去了。”达尔文急忙说明其中的原委。

他察觉到亨斯罗教授表情有点不对，于是问道：“教授，是不是情况有变啊？”

亨斯罗教授示意达尔文不要着急，然后告诉他整个事情的经过。原来达尔文并不是唯一被邀请的人，至少有三个剑桥校友收到了邀请。亨斯罗教授自己也曾打算去的，但因为妻子体质虚弱才放弃了。另一位候选人因教区工作脱不开身也放弃了。达尔文既未结婚，又没担任神职，所以亨斯罗推荐了他。达尔文写信回绝了邀请后，费茨罗伊已把这个位置许诺给他的一个朋友，如果这个朋友最后不去了，达尔文才是第一人选。

达尔文听了亨斯罗的解释，顿时泄了气——这一个星期情绪的大起大落和所有的折腾都白费了。他对航海的神往和梦想，在这一刻就像肥皂泡一样破灭了。

亨斯罗安慰弟子说：“你不要垂头丧气，也许到最后一刻，奇迹会出现哩！”

达尔文一晚都没有睡好。第二天一大早，他就赶往伦敦与费茨罗伊舰长会面，此刻他对航行已不抱多大希望了。

9 月 3 日，在伦敦海军部大楼的办公室，达尔文终于见到了费茨罗伊舰长。费茨罗伊穿着海军军官服，皮肤黧黑，年轻英俊，有种绅士风度。这位年轻的舰长具有皇族血脉，是英王查理二世的重孙。

“哦，你就是查尔斯·达尔文？”费茨罗伊打量着达尔文，“你和爱拉士姆·达尔文是什么关系？”

“他是我爷爷。”达尔文说。

“喔，原来你是达尔文大诗人的孙子呀！”

达尔文有点受宠若惊。他以前并不知道，爷爷作为诗人的名气比他的医生名气还大。费茨罗伊和他寒暄过后，两人直奔主题。

“舰长先生，我听亨斯罗教授说，随舰考察的博物学家的位置您已许诺给一位朋友了？”达尔文不安地问道。

“是的。”费茨罗伊点点头。

达尔文心头一沉，脸上掠过一丝失望的表情。

费茨罗伊接着说：“不过，五分钟之前，我这位朋友刚刚拒绝了邀请。”

达尔文几乎不敢相信自己的耳朵，难道亨斯罗教授说的奇迹真的降临了吗？这时，他听见费茨罗伊在问：“不知达尔文先生是否仍有兴趣？”

达尔文抑制不住心中的狂喜，点点头说：“我很愿意！”

“非常好。”费茨罗伊说，“这次航行，时间会超过两年，估计要三年左右。船舱的空间很拥挤，伙食也很简单。”费茨罗伊特地加了一句“没有葡萄酒”，然后继续说明：“还有，达尔文先生可能会晕船。海军部也不会承担整个航行过程中你所需支付的 500 英镑费用，这包括每年 30 英镑的伙食费，还有研究设备和考察的费用等。”

费茨罗伊舰长

“这些都没有问题，我可以接受。”达尔文表态。

按当时的情景，即便费茨罗伊说要下地狱，达尔文也会同意。

费茨罗伊端详了一阵达尔文，他要把“丑话”说在前头，然后说道：“不过，你随时随地都可以离舰，返回英国，或者待在某个你中意的安全、美丽的国家。”

舰长的意思，听起来是声明达尔文“来去自由”，细细琢磨则是担心达尔文可能坚持不了整个航程。达尔文并不在意，他喜欢费茨罗伊的亲切和率直，而且直觉告诉他，这位“贝格尔号”舰长是个性情中人，值得信赖。

“你在舰上每天和我一道用餐，希望我们能融洽相处，这一点特别重要。”费茨罗伊尤其强调这一点。他解释说，在海上远航是很孤独和寂寞的，尤其是舰长，既不能与水手们打成一片（会“削弱领导威信”），又要承担整条军舰和每一个属下的性命安危。“贝格尔号”的前任舰长斯托克斯，就是因为承受不住这种精神负荷，上次航行在南美洲海岸附近时开枪自杀了。另外，费茨罗伊对自己的“遗传基因”也有点担心——他的伯父卡斯尔雷子爵在担任内政大臣时，因患严重的抑郁症，割喉自杀了——他决定邀请一名有教养的绅士，做共餐的同伴。

费茨罗伊建议达尔文，还可以再考虑一下，不要立刻做决定。

达尔文主意已决。

他回答说：“我决定了！”

费茨罗伊微笑着伸出手。

“欢迎你加入‘贝格尔号’远航。”

达尔文握住费茨罗伊的手，激动得说不出话来。

两个年轻人谁都没有料到，这次握手后来竟使“贝格尔号”名垂青史。达尔文当时 22 岁，费茨罗伊 26 岁。

达尔文终于抓住了这次改变他一生的机遇。

他后来在回忆录里写道：“贝格尔舰上的航行，是我一生中最重大的事件，它决定了我此后全部事业的道路……我始终认为，应该把我初次受到真正的思想训练，即教育，归功于这次环球航行。”

等 待

dengdai

“贝格尔号”舰

接下来的几天，兴奋不已的达尔文和费茨罗伊一道在伦敦为出海做准备。他们驾着费茨罗伊的轻便四轮马车四处转悠，购买出海用品。费茨罗伊出手阔绰，花大笔钱买了图书、气压计和防身武器。达尔文购买了带指南针的望远镜（5英镑）、手枪和来复枪各一支（共花50英镑）。他还写信给三姐苏珊，请家里寄一些航海急需的东西来。

达尔文情绪高涨，恨不得马上就跟着费茨罗伊舰长扬帆出海。

9月11日，费茨罗伊带达尔文到普利茅斯的德文港看“贝格尔号”舰。他们搭乘蒸汽轮船离开伦敦，从泰晤士河顺流而下，向南绕过肯特海角，进入英吉利海峡，最后抵达普利茅斯，整个航程花了将近三天。如果走陆路，从伦敦坐公共马车南下，当天就可以到达普利茅斯。费茨罗伊舰长选择走水路，是有意想让达尔文体验一下海上的波浪。

“贝格尔号”舰正在德文港海军造船厂进行整修。

达尔文终于看到了这条军舰。这是一艘配有10门火炮的双桅帆船，已有11年船龄。“贝格尔号”舰从来没有参加过海战，一直被用作海军的勘测船。造船厂正把它改造成一艘三桅帆船，装上了新甲板，船底用铜做了加固，还增添了一些新式装备,包括 24 座经度测试仪、新设计的方向舵、先进的避雷装置等。为了避免干扰避雷针,原先的铁炮也全部换成了铜炮。船身木材改用桃花心木,坚实美观。船内有供 60 余名乘员居住的舱室。

这艘军舰太小了,舰长只有 28 米,舰的中部才 7 米多宽,排水量仅 235 吨。船舱拥挤狭小,比达尔文想象的还要窄得多。船舵后面的尾楼舱,只有 3 米见方大小,达尔文走进去时不得不弯着腰。舱里有一张海图桌、3 把小椅子,这里将是达尔文工作和睡觉的地方。"贝格尔"意思是"小猎犬",船员们却戏称它为"小潜水鸭",这也难怪,它的确太小了点!

费茨罗伊舰长告诉达尔文,舰上共有军官、水手、医生、绘图员、会计、侍从等 73 名乘员, 包括达尔文和费茨罗伊自己花钱请的一位画家奥古斯塔斯·厄尔。这位厄尔是位风景画家,也是以个人身份参加这次航行的。

达尔文当然也是自费的。他的一切花销,包括伙食费(舰长标准,每年 30 英镑)、旅行装备、购买自卫的手枪、雇用向导、邮寄采集的标本等,都得自己掏腰包。计划航行三年,要准备 500 英镑,这是很大一笔开销,全由父亲包了。没有父亲大人的资助,达尔文不可能实现这次伟大的航行。达尔文向父亲保证,

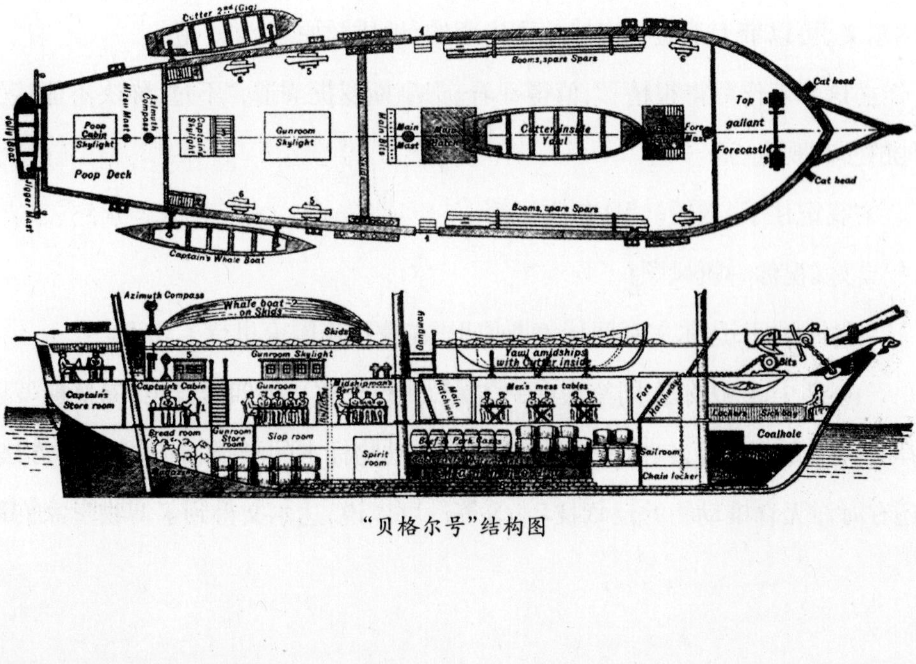

"贝格尔号"结构图

一定尽量节省，每一个英镑都花到应该花的地方。

与达尔文同住尾楼舱的还有两个人，一个是19岁的测量员、讨人喜欢的斯托克斯。还有一个是年仅14岁的海军学校学员费利普·金，他的父亲是“贝格尔号”舰的第一任舰长。

“你觉得怎么样？”费茨罗伊问达尔文。

“挺好的。”达尔文尽量把船舱想象得很宽敞。

“这漂亮的尾楼舱就是你的‘家’，希望你住得舒服些。”费茨罗伊舰长拍拍他的肩头笑道。

“贝格尔号”计划10月10日起航。达尔文赶回剑桥，兴高采烈地向亨斯罗教授汇报了情况。

“想不到，您说的奇迹真的降临了！”他说。

“只要心诚，石头也会开花啊！”亨斯罗也为他高兴。

一连几天，达尔文与亨斯罗商量着航行的细节。亨斯罗叮嘱他一些注意事项，并答应达尔文，一定收好他寄回的每一件标本。临别时，亨斯罗送给达尔文一件礼物——亚·洪堡的《南美旅行记》，这让达尔文喜出望外。亨斯罗还建议达尔文，可以带上地质学家赖尔刚出版的《地质学原理》第一卷。

“这部著作写得很精彩，值得一看。”亨斯罗提醒道，“不过，你决不能接受他的所有观点。”

“我记住了，教授。”达尔文回答。

“好，祝你一帆风顺！”

9月22日，达尔文赶回什鲁斯伯里，在蒙特庄园家里待了几天。

10月2日，达尔文同家人一一告别，回到伦敦。他四处奔走，向亨斯罗引荐的一些专家请教，包括用锡纸密封罐子、动物标本的剥制、毛皮的保存方法，还有海洋无脊椎动物的浸藏技巧，等等。可以说，达尔文得到了博物学家们最好的建议。他为这次航行做好了一切准备。万事俱备，只欠东风。

10月10日到了，"贝格尔号"却仍然躺在德文港海军造船厂。由于军舰的整修工作没有完成，出航日期只得向后推迟。

达尔文滞留伦敦，焦急地等待着消息。

10月17日，画家厄尔来通知达尔文，出航日期定在11月4日。达尔文给费茨罗伊舰长复信，兴奋地写道："11月4日，将是我非常光荣的纪念日！到那时，我的第二生命就要开始，它将是此后生活的诞生日。"

10月24日，达尔文赶到普利茅斯德文港。"贝格尔号"仍在油漆和装修船舱，达尔文只好按照费茨罗伊舰长的安排，在码头上住宿等候。

到了11月4日，由于大风的原因，"贝格尔号"再次延期起航。"贝格尔号"的动力全靠风力，向西南方向航行进入大西洋，确实需要借"东风"之力。但11月4日刮的是南风，而且很猛烈。

接下来，南风整整刮了一周，起航日期一再延迟。达尔文处在焦急的煎熬中，他觉得自己心跳过速，胸腔疼痛，很担心自己得了心脏病，但又不敢吭声，唯恐医生和舰长知道了，自己会失去出航的机会。达尔文控制住情绪，尽力平静下来，在岸上协助舰长观测气象，记录数据，校正仪器，积极学习航行知识。

12月2日，哥哥爱拉士姆从伦敦赶来，为达尔文送行。爱拉士姆在德文港待了一周，兄弟俩相谈甚欢。

12月3日，起航的日子越来越近。达尔文给亨斯罗教授写了一封告别信，感谢老师多年来的教诲和关怀。

信中充满感情，感恩、怀念、惜别、憧憬，尽在其中。

亲爱的亨斯罗：

现在已是深夜了，今晚我就睡到船上了。非常肯定，我们要在星期一起航，所以你可以猜想到我们所有的人是在怎样拼命地忙乱着……我非常感激你写给我的那封亲切而友好的信。我一向喜欢得到你的指导，在我有幸认识的那些人当中，没有人比你更有资格指导我了。当你写信的时候，请想着我是一个受你监护的人，训诫我是你不可推卸的责任。

现在我把通讯地址告诉你：最初是里约，如果你在2月的第一个星期二（邮船起航的时间）给我写一封信寄到蒙得维的亚去，它会给我带来极大的愉快，我非常喜欢听到一些关于剑桥的消息。还有一点要写的……假如不说出来，我是无法结束这封信的：对于你在剑桥时给予我的那些关照，我是发自内心的感激！我在这段时间里所得到的愉快和学问大部分是你赐给的。我渴望着我们再度相会的日子。

达尔文

1831年12月3日于德文港

又及：请代我向那些关心我的人致最亲切的问候。

还有最后一个牵挂。就在同一天，达尔文收到了女友芳妮的告别信。他们是在达尔文读剑桥时相识的。芳妮是什鲁斯伯里郡的美女，漂亮矜持，追她的男士很多。达尔文每年暑假都要去她家里拜访。芳妮的父亲欧文是个富有的乡绅，很喜欢达尔文。

这位美丽的女孩在信中回忆他们甜蜜的往事：他们一起吃草莓，在林间小路上相拥，她叫达尔文“亲爱的马车夫”，达尔文称她“忠实的女仆”……

芳妮渴望再次见到他，并发誓不会忘记一起度过的那些美好时光。在信的结尾，她写道：“等你回来时，我可能已经变老了……”

达尔文怀着难舍之情，给芳妮写了回信。哥哥爱拉士姆拍拍达尔文的肩头，安慰他道：“放心吧，她会等你的。”

12月10日上午10点，“贝格尔号”起锚。码头上，送行的人频频挥手。哥哥爱拉士姆特地上舰相送，直到军舰驶出港口的防波堤外，他才和达尔文拥抱告别，换乘小划艇返回。

达尔文的随身之物有几本西班牙图书、显微镜、地质指南针、药品、望远镜、地质考察工具、《剥制标本方法》小册子，还有亨斯罗送的那本亚·洪堡的《南美旅行记》。达尔文上船后，在费茨罗伊舰长的藏书中意外地发现了赖尔的《地质学原理》第一卷。亨斯罗向他推荐过这本新书，但达尔文没有买到。舰长见他两眼发亮地盯着，就大方地把这本书送给了他，这让达尔文感激不尽。达尔文的卧室兼工作间设在船尾的甲板间，本是一间绘图室，由于房间很狭窄，睡觉只能用吊床。达尔文的吊床，就挂在海图桌的上方，仰着脸距天窗不到一米。

“贝格尔号”驶入大海后，风浪猛增。达尔文开始晕船，把早餐吃的东西吐得精光。到了夜里，“贝格尔号”遭遇狂风巨浪，军舰前后颠簸，在波涛汹涌的大浪中挣扎航行。大海咆哮着，船上混杂着军官嘶哑的叫喊声和水手们的吼声。

“贝格尔号”乘风破浪

达尔文在《旅行日记》里写道："我骇得魂不附体。我从来没有经历过这样一个夜晚。"

12月11日，由于风浪太大，"贝格尔号"只好驶回德文港，原地停泊。出师不利！达尔文经受了强烈的思想斗争，他意识到未来的航行不会一帆风顺，等待自己的磨难会很多，还有难以预料的危险。

此时他才明白父亲当初的担忧是有道理的，但是，事到如今已没有后路。他是一个绅士，是签了字的，所以不能打退堂鼓，他必须勇往直前！

达尔文坚定不移，甘愿冒一切危险，决心去航行。

12月21日，星期三，这天阳光明媚，天气很好。费茨罗伊舰长决定再次起航。没想到，"贝格尔号"驶入大海不久，在一处浅滩意外搁浅。当时正值落潮之时，军舰陷在浅滩上，纹丝不动。费茨罗伊舰长命令所有的船员，一齐在甲板上拼命地来回奔跑，促使舰体摇晃，才把"贝格尔号"解救出来。第二天，"贝格尔号"碰到一股西南风，费茨罗伊舰长下令掉转船头，驶回普利茅斯港。

五天之后，12月27日上午11点，经过多次推迟起航日期之后，载有73名船员的"贝格尔号"终于扬帆起航，驶向大海。

英国海军部对外宣布，这次航行的目的，是勘测和绘制南美洲岛屿和海岸线地图，对环球各地作精确的实际测量。海军部声明，航行的任务包括了收集各地区自然标本等科学资料。其实，这些都是作掩护，这次航行的主要目的是为英国殖民主义的海外扩张打前站。1783年美国独立，英国失去了北美殖民地，于是就把视线投向了南美洲。为了争夺新殖民地，与老牌殖民主义的西班牙和新兴资本主义的美国竞争，英国海军需要更清晰精确的海图，包括勘测南美洲各大港口和海峡的深度。这就是"贝格尔号"肩负的使命。达尔文随舰进行的科学考察，只能算是个人行为，并非国家任务。这就是要他自己支付500英镑的原因。

但是达尔文由此踏上了彻底改变生命科学的旅程。他把出航的日子当做“我无比光荣的纪念日”,“我第二生命的开始”。

乘风破浪

chengfengpolang

“贝格尔号”勇往直前,穿越英吉利海峡,驶入波涛汹涌的比斯开湾。海上扬起大风,船在巨浪中颠簸不已。从未航海过的达尔文严重晕船,他头晕得厉害,呕吐不已,胃里翻江倒海。达尔文强忍着痛苦,只能干一会儿活,就对同伴说:“老伙计,我必须躺下了。”他平躺在桌子的一边,才稍微好受点。饿了就吃块饼干、几粒葡萄干,样子很狼狈。值日官称他为“一个可怕的晕船者”。

费茨罗伊舰长对达尔文很友善。他安慰达尔文说,初次航海都是这样,百分之九十五的人都会晕船,过一段时间就能适应了。大约有百分之二三的人从来都不会晕船,还有百分之二三的人却永远无法适应——但愿达尔文不属于后一类人。在一次风暴袭来时,费茨罗伊舰长还亲自给达尔文挂吊床,尽量把吊床弄得舒适些。达尔文在给父亲的信里写道:“舰长始终保持着和蔼可亲的态度,并且尽其职权内的一切力量来帮助我。”

费茨罗伊这时才告诉达尔文,在海军部办公室他第一眼看到达尔文,就觉得达尔文不适合航海。18 世纪瑞典有个名气颇大的颅相学家,名叫拉瓦特尔,费茨罗伊就是这位拉瓦特尔的信徒。他说自己会看相,当时端详达尔文的面相,发觉达尔文的鼻梁不够坚挺,按照拉瓦特尔的相术,长这种鼻子的人必定缺乏勇气和决断力。

“当时我差一点就拒绝你啦!”费茨罗伊舰长打趣道,“幸亏你说自己是达尔文大诗人的孙子,我才心软了。”

看来这位舰长对爱拉士姆·达尔文的崇拜，与拉瓦特尔不相上下。

费茨罗伊舰长对自己的鼻子则充满了自豪。他长着一只厚重的“希腊鼻”，他认为这是坚强的象征。这位年轻的舰长确实是一位勇敢、有决断力的指挥官。他坚忍不拔，忠于职守，具有不屈不挠的毅力。“贝格尔号”上次环球航行，舰长斯托克斯在南美洲海岸饮弹自杀，费茨罗伊当时正在舰上服役，他临危受命，指挥全舰平安地驶回英国。

不过，费茨罗伊舰长的脾气暴躁（对达尔文算是例外），时常对下属发火。尤其是他惩罚部下时手段严厉，毫不留情，这让达尔文很难接受。“贝格尔号”起航不久，有水手偷偷把烈酒带上船，喝得酩酊大醉。费茨罗伊舰长发现后，叫人把醉酒的水手戴上铁镣，绑在柱上施以鞭刑。每一鞭抽在受罚者的肉体上，都伴随着凄厉的惨叫声。达尔文目睹这一场景，受到莫大的震撼。他想到乔斯舅舅说过的话：“在远洋航行中，船长和水手的关系，就像奴隶主和奴隶的关系。”事实上，每一个船员的性命都掌握在船长手中。这是一种可怕的绝对权威。

环球航行中的达尔文

“贝格尔号”经比斯开湾南下，绕过西班牙。海上波涛汹涌，巨浪起伏，船颠簸得很凶。达尔文感到天翻地覆，连续晕船，呕吐不止，连胃液都吐出来了。他在给父亲的信中写道:"在比斯开湾中,巨浪的起伏是长久而连续不断的,我由晕船而感到的痛苦,远远超过了我的设想……当一个人疲惫到用一点力就会感到发晕的程度时,这仅仅才是痛苦的开始。我发现只有躺在吊床上才能舒服一些。除了你建议的葡萄干外,我的胃是不能承受任何别的食物了。"

1832年1月6日,"贝格尔号"抵达加那利群岛。该群岛是西班牙属地,位置正对着非洲大陆西北角,特内里费岛是加那利群岛中最大的一个岛。向往了整整10个月,洪堡《南美旅行记》中描写的热带天堂就在眼前,达尔文非常兴奋。"贝格尔号"到达附近海域,遥望岛上的泰德峰,那圆锥形活火山耸立在海面上,景色异常壮丽。达尔文激动万分,那是他梦寐以求的目标啊!达尔文觉得自己的身体状况也恢复了不少,好像也不晕船了。

费茨罗伊舰长下令抛锚,等待上岸。这时,只见一条小船飞速划了过来。待靠近"贝格尔号"后,一个个子矮小、面孔苍白的官员大声喊道:"因为英格兰几座城市爆发了霍乱,'贝格尔号'必须接受12天的检疫,禁止登岸。"

舰上死一般寂静,所有人都把目光转向费茨罗伊舰长。费茨罗伊毫不犹豫地做出回应,大声下令:"起帆!"

舰长不可能在这里耗12天。"贝格尔号"缓缓离开,驶入暮色苍茫的大海。达尔文眼巴巴地看着圆锥形活火山越离越远,沮丧极了。他明白,这个地方不可能再有第二次机会来了。

"贝格尔号"向南驶出几千米,由于没有风,船被迫停下来。夜幕降临,海天一片漆黑。达尔文躺在甲板上,倾听着海浪拍打船尾的声音,排遣心中的失落。第二天他在航海日记里写道:"次日晨,我们眺望太阳从加那利群岛最大的岛屿那崎岖不平的山脊背面冉冉升起,立刻照亮了特内里费的峰巅,而在半山腰却是薄雾缭绕。这是美妙的一天。"

两天后,特内里费岛从他们的视野里消失。东风从海面徐徐吹来,"贝格尔

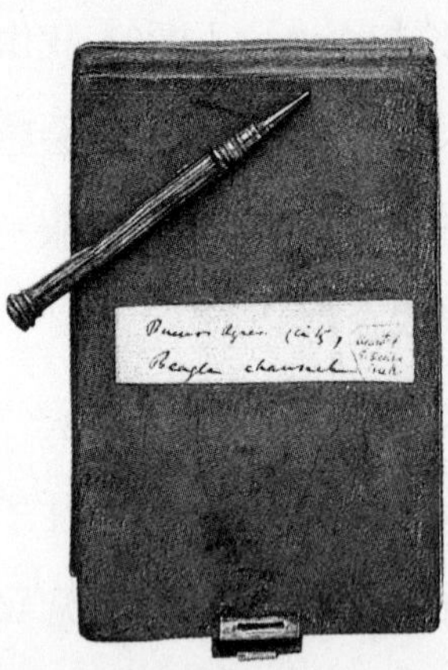

达尔文在“贝格尔号”上用的笔记本

号”扬帆起航，向南驶去。达尔文躺在尾楼舱里，阅读赖尔的《地质学原理》第一卷，这本书立即吸引了他。里面以优美的文笔、严密的逻辑阐述了地质渐变的思想。达尔文细细咀嚼着这位 34 岁地质学家提出的诸多新观点，觉得很有意思。

达尔文还用粗布做了一个长一米多的布网，吊在船尾，从海里捕捞起许多微小的海生动物。这些生物形状各异，色彩非常丰富，达尔文从来没有见过类似的东西。这引起了他的遐想：

为什么浩瀚的海洋里有如此美妙之物却无人欣赏？

它们被创造出来，似乎并没有什么“目的”啊！

此后，“贝格尔号”沿着非洲西海岸南行，越过北回归线，进入热带海域，几天后到达佛得角群岛。1 月 16 日，“贝格尔号”在群岛的圣地亚哥岛普拉牙镇靠岸，这里是佛得角群岛的首府。达尔文和费茨罗伊舰长一道，去拜会了佛得角群岛的葡萄牙总督和美国领事，并在镇上愉快地游览。

接下来，费茨罗伊舰长在岸边设立观测台，开始进行测量。达尔文则带着两个年轻军官，深入腹地进行考察。他发现岛上的景观非常独特，一边是荒凉的废墟，一边是在岩缝里顽强生长的茅草。在热带灼热的太阳下，昔日的火山灰烬呈现出一片不毛之地，矮小的植物艰难地长出来。再远处是一脉蛮荒的山峦横亘全岛，满目的深褐色，平锥形的丘陵被薄雾遮掩着。在宽阔平坦的山谷中，到处散落着没有叶子的灌木丛。

在一个幽深的山谷里，达尔文终于实现了自己的梦想——第一次看见了热带植物，那是一片茂密杂芜的果树和棕榈林。一条小溪在谷底汩汩地流过，羽毛鲜亮的翠鸟在林间飞舞，野猫突然从身边蹿出来。这让他想起洪堡笔下描述的景观，达尔文惊奇极了。大自然真美妙啊！

达尔文在佛得角群岛逗留了三个星期，考察了沿岸的火山岩层，并采集到大量海绵和珊瑚标本。在佛得角群岛，达尔文还有两个重大发现。

一是他发现生活在附近海域的乌贼竟然会改变颜色。这种八爪软体动物处于深水中时，皮肤是红褐色的。如果把它放在地面或浅水中时，这种深颜色便会消失而变成黄绿色。仔细观察会发现，这些乌贼的皮肤呈现出一种灰色，并覆盖着许多鲜亮的黄点，这些点的色彩变化很强烈，会不断地消失和闪现。达尔文把这一发现，写信告诉了亨斯罗教授。后来亨斯罗教授寄来的回信说，这个现象以前已经有人记录过了，不过他表扬了达尔文的观察力。

达尔文的第二个重大发现，是在圣地亚哥岛峭壁上发现了一段白色夹石层里，嵌着无数的贝壳。这段白色夹石层离海面约 13 米高，蜿蜒数千米长。达尔文走近时发现，它是由包括大量贝壳类组成的石灰石物质组成的，在白色夹石层的下面，是古老的火山岩层。生活在海里或浅滩上的贝类，怎么会出现在 13 米高的地层里呢？这显然表明了：海底的贝壳被奔流的熔岩凝成坚硬的白色夹石，而后整个岛隆出了海面。这与《圣经》里的基督教教义大相径庭。基督教认为，上帝创造的世界是完美的，不会改变，也无需改变。

达尔文联想起上次随塞治威克教授勘察古代砾石坑的情形。在那个砾石坑里，工人发现了一个热带大蜗螺贝壳，他和塞治威克还发现了不少热带软体动物的贝壳碎片。如果没有地壳的运动和升迁，它们是不可能跑到这个砾石坑里来的。达尔文还清楚地记得塞治威克当时的表情，有一种震惊和忧虑。达尔文想：为什么塞治威克那么失态呢？也许他感到了传统的地质学观念受到了挑战。

达尔文由此想到赖尔的新观点。赖尔在《地质学原理》第一卷中，提出了地球演化的“均变论”。赖尔针对当时流行的地质变化的“灾变论”，用大量确凿的事实说明，地球地壳的变化并不是超自然力量或巨大的灾变造成的，而是由最平常的自然力，如风、雨、温度、水流、潮汐、冰川、火山、地震等各种因素，经过漫长的岁月而缓慢造成的。达尔文刚研读过赖尔的这本著作，心中充满了钦佩之感。他看到的地质变迁，正可以佐证赖尔书中的观点，因此地质渐变的思想使达尔文产生了强烈的认同感。

“赖尔是对的！”他对这位新锐地质学家的观点心领神会，感觉“像是一个瞎子突然双目复明”。

达尔文后来在《自传》里写道：“我很自豪地回想起自己曾经研究过的第一个地方，即佛得角群岛的圣地亚哥，这次研究使我深信，赖尔的思想观点比我知道的其他著作要高明无数倍。”

赖尔

1832 年 2 月 8 日，“贝格尔号”离开佛得角群岛。达尔文站在甲板上，回首凝望，依依不舍。他心中叹道：我永远也忘不掉这里独特的景观！

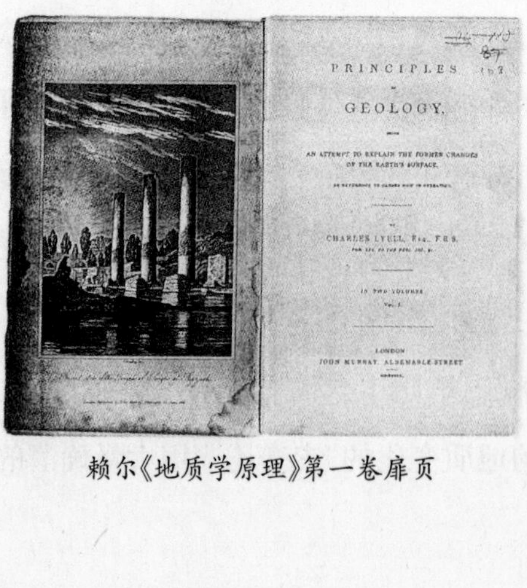

赖尔《地质学原理》第一卷扉页

2 月 17 日，“贝格尔号”越过赤道时，舰上举行了非常滑稽的“刮脸礼”。上午 9 时许，达尔文和 31 名新水手被关在黑暗闷热的船舱内，逐一被四个彪形大汉押解到甲板上，用布条蒙住双眼，再从头上灌一大桶海水，把全身淋个透湿，然后被勒令朝天躺在一块木板上，任凭人用柏油和颜料涂抹两颊和嘴唇，再用一个粗糙的铁环刮来刮去。费茨罗伊舰长坐在甲板中央，打扮成海神尼普顿，指挥着一切，场面火爆，仿佛群魔乱舞。达尔文是第一个“受刑者”，他还没回过神来，就莫名其妙地被涂成了大花脸，只听到耳边一声吆喝，他被头脚倒转，从木板上滑落到一个大水槽中，被海水呛得差点窒息，待到被捞起来时，达尔文觉得自己只剩下半条命。其他的 31 个水手被整得更惨。

仪式结束，费茨罗伊“海神”告诉达尔文，这是传统的仪式，可以确保今后航行平安。达尔文咧嘴苦笑，心想：掉进海里恐怕比这还要好受些！

秘密中的秘密

mimizhongdemimi

“贝格尔号”越过赤道，南渡大西洋。

1832 年 2 月 28 日，“贝格尔号”到达南美洲巴西的巴伊亚港，即今萨尔瓦多港。当地奇异的热带丛林景色，令达尔文惊叹不已。他在旅行日记里写道：“洪堡卓越的描写文字，不论现在和将来，将永远是独一无二的。”

达尔文吃惊地发现，巴西还在实行奴隶制度。每年有数万名黑人被贩卖到巴西，在各个种植园里充当奴隶。达尔文目睹了奴隶的悲惨生活，受到很大震撼。他对费茨罗伊舰长谈起心中的愤懑。费茨罗伊却说，他刚访问了一位大奴隶主，这个奴隶主把许多奴隶叫在一起，然后大声问他们：“你们快乐吗？”奴隶回答：“快乐！”奴隶主又问：“你们愿意自由吗？”奴隶们回答：“不愿意！”

达尔文嘲讽地反问他：“你认为那些奴隶的回答有价值吗？”

费茨罗伊听后，大发雷霆，说达尔文不该怀疑他的话，并说不能和达尔文继续相处了，达尔文知趣地退下。消息传开了，达尔文接到全体中级军官的热情邀请，请他和他们一起用餐。几个小时之后，费茨罗伊把大副叫去，臭骂了一顿，然后派一名军官来向达尔文道歉，请他继续与舰长一起用餐。

这件事表现出费茨罗伊舰长的雅量，也显示了他思想的保守和专横。费茨罗伊还是个虔诚的基督徒，对上帝深信不疑，每天晚上他都要带领船员们集中学习《圣经》。正是因为这一点，日后当上将军的费茨罗伊，成了达尔文进化论的反对派。

从巴伊亚港南下，“贝格尔号”沿着南美洲东海岸航行，进行水深测量。

4月4日，“贝格尔号”到达巴西著名的里约热内卢港。

在里约热内卢附近，达尔文沿陆路考察了三个月，采集到很多奇异的鸟类和昆虫标本。船员们称他为“捕鸟者”或“亲爱的哲学家”。

有一天，达尔文在郊外用捕虫网捕到的龙蚤科昆虫，竟有五个是《分类词典》中没有的新种，达尔文高兴极了。他在给朋友福克斯的信中写道：“自从离开英国，直到最近一小时为止，我始终处在惊喜之中。”达尔文每到一地总要进行认真的考察研究，采访当地居民，雇请向导，跋山涉水，采集矿物和动植物标本，挖掘生物化石，发现了许多没有记载的新物种。

在抵达里约热内卢港的第一天，达尔文收到了二姐卡罗琳和妹妹凯瑟琳的来信，这是他出航以来第一次收到家信，心里非常高兴，但是拆开信后，一个意外的消息却让他惊呆了。二姐卡罗琳告诉达尔文，他的女朋友芳妮已经嫁人，新郎是一个有野心的政客，很有钱，名叫比达尔夫，婚礼是在3月举行的。卡罗琳安慰弟弟说，不要为这事伤心，也许不能完全怪芳妮，听说达尔夫追她追得很厉害……颇具讽刺意味的是，妹妹凯瑟琳在信中写道：“等你回来时，芳妮将是一个身为人母的老女人了！”

达尔文读罢信，不禁怅然若失。初恋的梦还历历在目，他却永远失去了。芳妮说会等他的，但事实却没有，而她出嫁的日子，离自己出航竟然不到三个月！

也许这就是为了事业付出的代价！

望着波浪起伏的大海，达尔文长叹一声，默默地收起家信。他将过去深深埋在心里，他需要尽快地抚平伤痕，投入大自然的怀抱。

1832 年 7 月 5 日，“贝格尔号”离开里约热内卢，沿着南美洲东海岸向南航行，很快穿越了南回归线。

在航行途中，有一天，突然出现大群海豚尾随在“贝格尔号”后面，穿梭跳跃，激起条条白浪。不时还有一两条飞鱼在海面上掠过，非常有趣。每条海豚长约四五米，总共有好几百条，不一会儿，那些快乐的小精灵游到“贝格尔号”的船头，轻盈地跃出海面，左右翻滚，那情景颇为壮观。船员们齐声喝彩，这些海豚也好像通人性似的，一个个跳跃得更欢了。达尔文看得出了神，郁闷了好久的心情豁然开朗。正所谓海阔凭鱼跃，天高任鸟飞啊！

“贝格尔号”继续向南航行，7 月 26 日驶近乌拉圭的蒙得维的亚。

蒙得维的亚是乌拉圭的首府，位于巴拉那河的出海口北面。河口南面，就是阿根廷首府布宜诺斯艾利斯，两城隔海相望。“贝格尔号”抵达时，蒙得维的亚刚刚发生了军事政变，城里处于无政府状态，局面非常混乱。“贝格尔号”一时不能登岸。费茨罗伊舰长接到英国巡洋舰督伊德号的命令，布置全舰列出枪炮，严阵以待。几天后，战事蔓延，“贝格尔号”舰 52 名官兵全副武装，携枪带刀，在蒙得维的亚登岸，驻扎在附近的要塞里，以保护当地侨民的财产和生命安全。达尔文也滥竽充数，手持打猎的来复枪，腰插手枪佩剑，在碉堡里蹲了半天，偶尔可听见子弹从头上呼啸而过。由于头痛难忍，傍晚时分，费茨罗伊舰长命令达尔文撤回“贝格尔号”。第二天，混战双方进行和谈，动乱结束了。

此后，“贝格尔号”开始在河口外海域作测量，达尔文则在附近地区忙于考察。在蒙得维的亚河口岸边的砾岩层里，他挖掘到一具保存完好的巨兽骨化石。在河口的浅滩，还发掘出珍贵的古生动物的牙齿、下颚和大腿骨化石。这些收获都很有价值，达尔文非常惊喜。他在给二姐卡罗琳的信中写道：“对我来说，在这两个月内，主要的快乐源泉是自然史。我在骨化石方面碰到了异常惊人的好运气，有几种古代动物的躯体是很大的……是以前没有被人发现的。”

8月19日，达尔文给亨斯罗教授寄出第一箱标本，还有给家人和朋友的信件，一齐交到一艘回国的邮轮上。汽笛一声长鸣，蒸汽邮轮在噗噗声中离去，船尾留下一片白色的浪花。

“贝格尔号”在蒙得维的亚和周边地区逗留了几个月的时间。达尔文获悉“贝格尔号”完成南美洲勘测之后，还要西行去澳洲和非洲，整个航行时间将从原定的三年延长至四到五年。这个消息，更增加了他的思乡之情。

10月26日，达尔文收到了家里寄来的第二批书信和报纸，这让他喜出望外，特别是姐姐寄来了赖尔的《地质学原理》第二卷。这本新书是亨斯罗送的，达尔文如获至宝，他一连几天埋头阅读这本新书，手不释卷。

《地质学原理》第二卷的内容，与第一卷有很大不同。第一卷的内容，主要是阐述地质渐变的思想，即地球演化的“均变论”。在《地质学原理》第二卷中，赖尔提出了另一个重大问题，也就是物种起源的问题。赖尔认为，这一问题对于地质学家来说特别重要。他在第二卷的各章里透彻地分析了这一问题，探究了物种变异性的程度，物种间的杂交，由于受外部条件的影响而发生的变态的遗传性等等。赖尔同意把物种的“创造”解释为由于某些自然原因所致的，但他未举出原因。达尔文仔细阅读赖尔的这本书，受到很大启发。这本书对达尔文具有特殊的意义，对他后来的思想发展和研究工作产生了重大的影响。

在《地质学原理》第二卷中，赖尔认为“物种起源的全部问题是秘密中的秘密，是最难以解开的谜”。赖尔还做出了这样的结论：“物种实际存在于自然界之中，每一物种在其形成时就赋予它现在所具有的机体的特征。”赖尔还认为“上帝用某种不知不觉的方法，一个一个地创造出新的物种，来代替已灭绝的物种，而且一经产生就不会变化。”

虽然达尔文并不完全赞成赖尔的观点，比如上帝创造物种、物种不会变化等,但赖尔的这本书,却引导达尔文触及了自然界“秘密中的秘密”:物种起源以及是否存在变种等问题。

谜底究竟是什么呢?这引起了达尔文的深思。达尔文正是怀着这样的疑问,开始了他的全新考察。

12月16日,在火地岛,达尔文考察地质,采集岩石标本。他在6米高的悬崖上发现了一些大犰狳和大地懒的骨头化石,他很惊讶这些巨大的动物为什么会灭绝。达尔文开始怀疑《圣经》里的洪水故事。

达尔文在南美洲南端的东西两岸地区,总共进行了8次陆地考察,有多次重大发现。1833年2月16日,达尔文登上美洲南端的假合恩角。在高山顶上,他眺望着远处,欣赏着两个大洋和附近岛屿的壮丽景色。

3月1日,“贝格尔号”向东航行到福克兰群岛(今马尔维纳斯群岛),进行测量和陆地考察。福克兰群岛上没有树木,岛上的泥炭土壤被野草覆盖着,一派蛮荒景象。在福克兰群岛上,达尔文忙碌地进行着海生动物研究,采集了地质时代最重要的贝壳岩层。

达尔文把福克兰群岛和大陆上的物种进行比较,对物种的差异和进化发生了兴趣,由此开始思索物种变异问题。

达尔文在福克兰群岛上发现了一种矮小的野马,这种马是上个世纪法国人引进到该岛的。让人不解的是,虽然没有任何障碍,这些马却不离开岛的东部。达尔文在日记里写道:“我特别想知道是什么原因限制了马匹的增殖,这个小岛上并没有猛兽,马匹理应大量增殖,分布到整个岛屿,因而这种限制令人注目。”当地人介绍,限制马匹增殖的原因,是公马经常变化定居点,迫使母马跟着它同行,却不顾幼驹能否追随,沿途随处可见被遗弃的幼驹的尸体。而且这里的土地极度湿软,致使马蹄发育不匀,畸形生长,出现许多跛脚马。达尔文由此受到启发,实际上,是环境的影响造成了动物的退化。

在福克兰群岛上，还有一种特有的红狐狸。这种狐狸的模样和智利的卷毛狐有点像，嘴短尾细，所以又称“狼形狐”，但禀性却大相径庭。福克兰狼形狐的性情温顺，不像智利卷毛狐那样狡猾多疑。福克兰群岛当地的高乔人，经常捕杀它们。他们一只手拿着一块肉引诱狼形狐，另一只手握着刀，待狼形狐走近时一刀即将其毙命。为什么这里的狐狸会这么迟钝呢？

福克兰群岛上的狼形狐

达尔文在日记里写道：“难道上帝特意为这片群岛创造了一种迟钝的狐狸？那么上帝的目的是什么呢？”而且，在福克兰群岛的东、西两岛上，狐狸也存在着差异，西岛上的狐狸比东岛上的稍小，毛色更红。达尔文不由得怀疑，上帝有必要为这相邻的两个小岛创造出两种不同的狐狸吗？在达尔文考察福克兰群岛之后半个世纪，由于当地人的大量屠杀，这种狼形狐终于灭绝了！

KEXUE JUREN DE GUSHI

崭露头角

加拉帕戈斯群岛

jialapagesiqundao

1834年6月，“贝格尔号”经过麦哲伦海峡，到达南美洲西海岸。达尔文登上安第斯山进行考察，并在圣地亚哥城、奇洛埃岛、乔诺斯群岛等地考察测量，采集标本。在美洲西海岸辗转考察了一年时间，收获颇丰。

1835年9月7日，“贝格尔号”离开秘鲁海岸，向西驶向太平洋。

9月15日，“贝格尔号”抵达位于赤道的加拉帕戈斯群岛。从地图上看，加拉帕戈斯群岛离南美洲的厄瓜多尔很近，实际距离却超过了800千米。加拉帕戈斯群岛是16世纪西班牙人命的名，“加拉帕戈斯”是“淡水龟”的意思，即陆龟。岛上盛产巨龟，重的可达180千克。加拉帕戈斯群岛由10个大岛和42个小岛组成，全部是火山岩结构，整个岛屿上至少有2000个火山口。

加拉帕戈斯群岛的陆龟

加拉帕戈斯群岛是达尔文环球考察中的一个里程碑。达尔文在群岛上考察了一个多月，在物种问题上有了重大发现。这个群岛如今已成为世界旅游胜地，被认为是诞生自然选择理论的圣地。

9月15日，达尔文登上查塔姆岛，位置在群岛的最东边。这是一座圆形岛屿，岛上很荒凉，地面布满了黑色玄武岩熔岩，在阳光下晒得滚烫。岛上长有灌木和仙人掌，从远处看灌木光秃秃的，走近才发现，灌木不仅长有叶子，还开着花，具有旺盛的生命力。

第二天，达尔文登上加拉帕戈斯群岛的主岛——阿尔贝马尔岛。岛上有很多大蜥蜴，长达数米。达尔文发现，在崖边的蜥蜴是黑色的，尾巴是扁的，脚上长着蹼，可以游到离海岸几百米远的地方。而在陆地上的大蜥蜴呈棕褐色，模样丑陋，它们在山冈上跑来跑去，对达尔文视而不见。这种蜥蜴以仙人掌和昆虫为食，尾巴是圆的，脚趾间没有蹼，不会游水。这种差异让达尔文颇感兴趣。

在加拉帕戈斯群岛上，达尔文还看见许多巨大的陆龟（有的书把加拉帕戈斯群岛上的龟误作“海龟”，其实它们不是海龟，而是生活在陆地的淡水龟）。达尔文第一天登上查塔姆岛时，就遇见两只大龟，每只至少重 90 千克。其中一只正在啃一片仙人掌，它凝视了达尔文片刻，然后掉头慢慢走远，另一只却发出低沉的吼声，把头缩进了龟壳里。达尔文在笔记里写道：“这样庞大的爬行动物，出现在周围满是黑色熔岩、无叶的灌木和巨大的仙人掌的环境中，使我觉得它们真像《圣经》中诺亚时代大洪水以前的动物。”

加拉帕戈斯群岛纪念邮票（陆龟、大蜥蜴、雀鸟）

不过，这只是达尔文一刹那的错觉。岛上的动物奇观，很快使他对《圣经》的上帝创造动物的内容产生了怀疑。在加拉帕戈斯群岛，各个岛上的陆龟大小、龟背斑纹都不相同，当地居民能轻易辨认出它们属于哪座岛屿。他们甚至还知道，不同岛屿上的陆龟不仅龟甲形状不同，龟肉的味道也不一样。达尔文立刻想到福克兰群岛上东、西两岛红狐狸的差异，使他产生了更多的思索。《圣经》上说，万物都是上帝创造的，难道上帝竟然会为这些近在咫尺的岛屿创造不同的陆龟和不同的狐狸吗？

加拉帕戈斯群岛还是一座鸟类的天堂。从 9 月 15 日—10 月 20 日，达尔文在加拉帕戈斯群岛考察了一个多月，他发现在不同的岛屿上，有好几种不同的鸟。他收集了很多雀鸟标本，总共有 13 种，包括地雀、燕雀、树雀、莺雀等（后来统称为“达尔文雀”）。雄性通常都呈深黑色，雌性多为褐色。

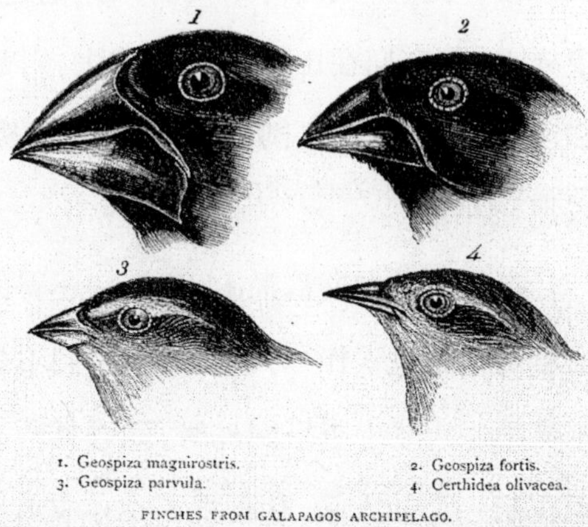

加拉帕戈斯群岛上四种不同的雀鸟

这些鸟有着明显的亲缘关系，但又有微妙的差异，尤其是它们的喙非常特别。有的喙又长又细，适合捕食昆虫和吸花蜜；有的喙短而坚硬，适合啄开植物的果实。达尔文认为，这些鸟是一种陆地鸟类的同源后代，因为生活在偏远的孤岛上，不同的生活习性和食物习惯，使它们产生了明显的变异。上图所示为加拉帕戈斯群岛上四种不同的雀鸟：1 为大嘴地雀（查尔斯岛查塔姆岛）；2 为勇敢地雀（查尔斯岛和詹姆士岛）；3 为小地雀鸟（詹姆士岛）；4 为旋木雀（詹姆士岛和查塔姆岛）。这些鸟类的亲缘关系和差异，引起达尔文对物种进化的思考。达尔文在笔记里写道：“这些鸟只是在构造上略有差异，遍布在自然界的同样地点……我不得不推测说：它们只不过是变种。”达尔文认为群岛上的动物非常值得研究。

后来达尔文在伦敦的鸟类专家古尔德的鉴定下，认识到这些变种实际是出自物种的变异！这一鉴定证实了达尔文的直觉。1837年达尔文在一篇论文中指出，同样一种大陆起源的物种，适应了岛上与世隔绝的环境后，可能形成许多其他物种。这篇论文为动物进化论作出了巨大贡献。一个崭新的思想在达尔文脑子里渐渐形成：物种并不是上帝创造的，物种是可变的，也是不断进化的。

11月15日，“贝尔格号”到达南太平洋上的塔希提岛。该岛由火山岩构成，周围有珊瑚礁。在珊瑚礁和海岸之间，水面平静如湖，可以停泊大船。这座岛60年后因为法国画家高更来此居住而闻名于世。

当天，岛上的传教士盛情招待了达尔文一行。他们看到岛上到处是果园，在香蕉、椰子、柑橘和面包树之间，种着甘薯、菠萝和甘蔗，还有从外地引入的番石榴。塔希提岛的民风淳朴，土著男人劳动时喜欢裸露上身，体态匀称，肩膀宽厚，很像田径运动员。当地人无论男女都有文身的习惯，男人们身上的图案类似棕榈树树冠，花纹却变化无穷。女人爱美，喜欢打扮，她们爱在脑后或耳眼上戴上一朵山茶花。在塔希提岛上，达尔文和同伴们受到热情友好的接待。

次日傍晚，很多土著孩子在沙滩上点燃篝火，火光映照着椰树林，水面上熠熠闪光，他们唱着自编的歌谣，载歌载舞，欢迎客人的到来。达尔文和“贝格尔号”的官兵们坐在沙滩上，尽情观赏，为他们淳朴的感情和精彩的表演而感动。达尔文在笔记里写道：“塔希提岛上的居民确实很可爱。他们的面部表情温文尔雅，以致人们不会去想象这是些未开化的人；他们十分聪明，在文明上进步很快。”

凑巧的是，就在达尔文聆听歌声时，远在万里之外的剑桥大学正举行哲学学会。亨斯罗教授把达尔文三年来写的10封信的摘要，在会上作了宣读，内容为地质学和生物学方面的珍贵资料。亨斯罗赞扬达尔文南美洲考察取得的成绩非常了不起。会员们展开了讨论，反应很热烈。半个月后，亨斯罗教授又私人出资，把这10封信的摘要印成31页的小册子——《南美洲考察资料》，发给剑桥哲学会会员。这是达尔文最早刊印的一篇论文。

就在亨斯罗教授宣读达尔文来信摘要的两天之后，塞治威克教授根据达尔文给亨斯罗的10封信的摘要写成了长篇论文，题为《1832年—1835年测量南美洲东西两岸的地质笔记》，在伦敦地质学会上宣读和讨论，与会会员们对这篇论文极感兴趣。塞治威克还写信给什鲁斯伯里中学校长布特勒博士，赞扬达尔文的考察成果。他在信中写道："现在，他正在南美洲进行令人钦佩的考察工作，已把大批无价之宝的采集品寄回祖国。他出国去作探险旅行，对他说来，是世界上最崇高的事业。以前大家有些担忧，唯恐他会变成一个浪子，但是现在他变得成熟了。纵然是上帝舍弃了他的生命，他也将在欧洲的自然科学家中，获得显赫的地位。"

那位布特勒校长读到信后，终于对昔日的达尔文刮目相看了。

先声夺人

xianshengduoren

达尔文在航程中邮寄了许多描述考察见闻的书信给亲友和老师，还有大量打包装箱的标本。由于路途遥远，邮寄东西和收到回音常常需要几个月时间。亨斯罗教授宣读和刊印资料的消息，达尔文在6个月后收到妹妹凯瑟琳的来信才知道。这时，"贝格尔号"已经驶过非洲好望角，抵达了开普敦。

妹妹凯瑟琳告诉他一个好消息，就是亨斯罗教授把达尔文给他的10封信中的考察资料和观点，摘录下来，刊印成小册子，并在剑桥大学哲学会上散发给会员们，同时宣读和讨论，反应很强烈。由于亨斯罗和塞治威克两位老师的鼎力推荐，达尔文还没有回国，他的考察成绩和博物学家的名声，已经在伦敦和剑桥传开了。凯瑟琳在信中写道:“哥哥你还不知道,在英格兰,达尔文的名字已挂在每一个博物学家的嘴边!”

1835年12月21日,“贝格尔号”到达新西兰。

1836年1月12日,“贝格尔号”到达澳大利亚的悉尼。然后经过印度洋,绕过非洲南端的好望角,再次回到巴西,从巴西驶回英国。

在航行将要结束时,达尔文在阿松森岛收到几封家信。三姐苏姗和妹妹凯瑟琳告诉他,塞治威克教授谈到达尔文寄回去的搜集品,评价很高,说他将名列卓越的科学家中间,而且这话是塞治威克拜访达尔文父亲时说的。这让达尔文非常感动,父亲再也不会认为他这个儿子“一事无成”了。实际上,这时达尔文的父亲和姐妹们都意识到,达尔文将走上科学的道路。三姐苏姗在信里还说,达尔文寄给亨斯罗的那些哺乳动物骨骼化石,引起了古生物学家们的莫大兴趣。

获知这些喜讯,达尔文又惊又喜。他掩饰不住内心的高兴,连蹦带跳地登上了阿松森岛的山顶,举起手里的地质锤,砰砰砰地敲击火山岩崖壁。他成就一番事业的雄心壮志表露无遗。

1836年5月31日,“贝格尔号”到达好望角时,停泊在西蒙斯敦。

次日,达尔文雇了辆轻便双轮马车,前往35千米外的开普敦。开普敦是南非的首都和旅游胜地,地处东西要冲,素有“海洋大客栈”之称。达尔文在这里逗留了约半个月,结识了一些在此侨居的英国学者。其中有好望角皇家天文台的台长麦克里阿尔,有自然科学家史密斯爵士,后者也是到热带地区考察后来此逗留的。在这里,达尔文还有幸遇到了他心目中的英雄约翰·赫歇尔爵士。达尔文对这位天文学家仰慕已久,在剑桥大学时就曾如饥似渴地读过他的《自然哲学研究入门》。44岁的赫歇尔是来好望角绘制星座图的,已经来了两年,他在开普敦城外买了一栋乡村别墅,坐落在杉树和橡树林中,他的妻子和三个孩子一同住在这里。

6月3日,达尔文和费茨罗伊舰长一起拜访了赫歇尔,受到热情款待。赫歇尔爵士态度亲切,邀请他们共进晚餐。晚餐之后,赫歇尔带着客人参观了他的花园,里面长满了球形植物和奇花异草。在树林环绕的庭院散步时,赫歇尔给达尔文讲解了南半球星空的奇妙,这里的许多星座,在北半球看不到。他们还讨论了火山爆发和地壳上升现象。达尔文发现,赫歇尔不仅关注星空,对地质学也很有兴趣。

达尔文谈起读赖尔《地质学原理》第2卷的强烈感受,赫歇尔说他不久前也看过这本书,这让达尔文很惊奇。

"新物种如何在地球上出现,这的确是个'秘密中的秘密'。"赫歇尔说,"赖尔提出这个问题,很有前瞻性。"

"我也这样认为。"达尔文说,"可惜赖尔先生在书里没有给出解答。"

"呵呵。"赫歇尔笑着批评道,"赖尔本来应该知难而上的,他只虚晃了一枪,就鸣金收兵了。"

达尔文没有吭声,品味着爵士的话。

赫歇尔继续说:"如果地形在逐渐变化,而且引起这种变化的力量至今依然在起作用,难道不能设想物种也以同样的方式自然产生吗?"

这句话给达尔文的震动极大。

这次见面,更促使达尔文思索了诸多现象。此时加拉帕戈斯群岛上的陆龟和雀鸟似乎有了某种意义。它们最初也许是来自附近的大陆,随后适应了各自的环境,于是其细微的特征仅与各自的小岛相匹配,有理由怀疑它们只是同一物种的变种。如果情况确是如此,这将"摧毁物种不变"的说法,并且有望解开赖尔那个"秘密中的秘密"。

正如CCTV摄制的纪录片《达尔文——自然之子》旁白所言:"在五年中,

‘贝格尔号’访问了南美洲、大洋洲和非洲的十多个国家和地区，航迹遍布三大洋无数个岛屿，其单船单次航行海域之广阔、航行之长，不论是在大航行时代还是以 21 世纪的标准来看都是非常罕见的。‘贝格尔号’绘制的海图有些被一直沿用到二战之后，然而，它的测绘成果与达尔文对世界的贡献相比，实在是太微不足道了。可以说，‘贝格尔号’用五年的时间完成了对一位科学巨匠的孕育。”

在环球航行期间，达尔文的世界观发生了潜移默化的改变。如同达尔文在《“贝格尔号”环球航行记》中写下的那样：“世界地图从此不再是一种空洞的图像，它变成了一张最生动的包罗万象的图画。”

凯 旋

kaixuan

1836 年 10 月 2 日，“贝格尔号”结束了五年的航程回到英国。由于天气恶劣，船就近停靠在英格兰西南角的法尔茅斯港。

达尔文踏上久别的故土，归心似箭。他冒着暴风雨，搭乘邮政马车，连夜赶往家乡什鲁斯伯里城。三天后的早晨，达尔文回到家门口。

全家人欢迎他的凯旋。姐妹们发出惊喜的叫声，争先恐后地和他拥抱。尤其是罗伯特医生，这位伟大的父亲紧紧拥抱着儿子，称赞他五年的探险取得了辉煌的成绩。

“孩子，你变黑了，变瘦了，但变得结实了，成熟了。”

这是父亲最大的褒奖。达尔文感动得流下了眼泪。

五年的大海颠簸和风餐露宿，已使皮肤白皙、活泼好玩的查尔斯少爷，变成了面色深棕、形容消瘦的中年模样。他的头发开始变得稀疏，前额更加凸出，体重减轻了8千克,是有眼神变得深邃了,仿佛总在思索着什么。出航前的达尔文,只是一个喜欢打猎和收集昆虫玩的小青年,一个无忧无虑的公子哥儿,重归故土的达尔文却成为一个自觉的博物学家,一个探索科学真理的勇士。正是大自然熔炉的冶炼,使他脱胎换骨。父亲和姐妹们都看得出来,达尔文不会去做牧师了。

航海归来的达尔文

妹妹凯瑟琳告诉他说:“爸爸和我们常常在炉边考虑你回来后做什么,我们担心你可能不会再加入教会了。”

达尔文也是这样想的。当教区牧师的念头已经被大自然挤出了他的头脑。他感到大自然的神奇力量无处不在,它比上帝更真实、更伟大。正如他在日记中写的:“我逐渐看出,《旧约全书》中有明显的伪造世界历史的事实,并不比印度教徒的圣书值得我们相信。”“我们对自然界的固有法则知道得越清楚,就越难相信基督的奇迹……我逐渐不相信基督教是一种神圣的启示。”达尔文勇敢地背弃了教义,立志要探寻大自然那“秘密中的秘密”。他即将踏上一个新的里程,向生命科学的顶峰攀登。

在历时近五年的环球考察中,达尔文积累了大量的资料,为他日后创立生物进化论提供了坚实的基础。据一份资料统计,“他带回的‘宝藏’即便在今天看来也是一个大型数据库:368页动物学笔记、1383页地质学笔记、770页旅行日记、1529个保存在酒精瓶里的物种标本、3907个风干的物种标本，这还没算上从加拉帕戈斯群岛捕捉的一只活龟。”

考察归来，达尔文面临最迫切的事，就是如何整理这批宝贵的资料。

他回来的第一个行动，就是到剑桥大学拜访亨斯罗教授，向老师报告航海的收获，并商量如何处理寄存在剑桥的大量采集品。

亨斯罗夫妇盛情招待了达尔文。亨斯罗夫人打趣地说：“我先生对你寄来的信和采集品总是赞不绝口，要不是因为我的缘故，当初他就会和费茨罗伊一起去环球旅行了。”达尔文在亨斯罗家住了四天，商量的结果是，动植物标本和采集品最好集中在伦敦，那里有动物学会，还有大英博物馆，可以接受和收藏达尔文的采集品。矿物、岩石和地质采集品，可以集中在剑桥大学，除了亨斯罗教授，这里还可以找到其他地质学教授帮忙。

达尔文回到伦敦，住在哥哥爱拉士姆的家里。他坐着四轮马车到处奔走，为他采集的“宝贝”寻找落脚的地方。

起初的情况并不如意。地质学家们已经读过他那些出版的书信，不少人见过大地懒化石。每个人都想见见这位环球旅行家，听他讲野蛮人、大蜥蜴和陆龟的故事，可是当达尔文谈到采集品落脚的事，专家们的脸上都露出了为难之色。一连几天，达尔文跑遍了伦敦的科学机构，有地质学会、动物博物馆，还有林奈博物馆和大英博物馆，都没有实质性的进展。

达尔文在给亨斯罗的信中抱怨道：“我同那些大人物们的商谈还没有什么大的进展。正如你告诉过我的一样，我发现他们都在忙自己的事。”植物学家们对标本好像有些兴趣，动物学家的态度则很冷淡。动物博物馆的一位管理人员回答说，馆里收藏的物种太多，有一半连标签还没有贴，还有上千件存积的标本没有制作出来，看来是没有指望了。植物学家布朗很愿意帮忙，但他告诉达尔文，前些年金舰长从海外带回的植物标本，现在还躺在大英博物馆的储藏室睡大觉哩！

10月29日，正值周末，下午达尔文前往著名地质学家赖尔家拜访。这是一次难忘的会见。赖尔读了达尔文从南美洲发回来的报告，非常欣赏，很想见见这位年轻人。达尔文对赖尔崇拜已久，一直期待着拜访这位精神导师。达尔文刚走进客厅时，还有些拘谨。

"我是查尔斯·达尔文，能有机会拜见老师非常荣幸。"他说。

赖尔从椅子上起身，微笑着拉达尔文入座。

"欢迎咱们的环球旅行家哦！"

他们终于见面了，两人都有相见恨晚的感觉。达尔文27岁，一张饱经风霜的娃娃脸，有点少年老成。赖尔刚40岁出头，已经谢顶，前额宽阔，气度不凡。两人一见如故，谈得很投机，达尔文一点也不拘束了。

赖尔夫人端来茶点，热情款待达尔文。她是位美妇人，举止高雅，态度和蔼可亲。赖尔则谦和有礼，用词"像律师一样准确"，他兴致盎然地听达尔文谈航行中的所见所闻，不时问上两句。当达尔文说到在智利遇见大地震的惨状，学校被夷为平地，教堂被震垮一半，赖尔吃惊得差点从椅子上滑落下来。这让达尔文很意外，赖尔是伦敦最爱冒险的地质学家，没想到，会有如此柔情的一面。

赖尔问达尔文，接下来准备怎么做。达尔文说，一是尽快给他带回来的"宝贝"找到安身之处，再者准备参加一些学会活动，听听专家们的高见。

赖尔俏皮地说："我呀，倒是劝你少参加些学会的聚会。"

达尔文不解地问："先生，为什么呢？"

"呵呵，你不知道，我担任地质学会主席以来浪费了好多时间啊！"赖尔很感叹，接着他狡黠地一笑说，"可别说是我给你的建议噢！"

"我知道了。"达尔文会心地笑了。赖尔对达尔文目前的状况很同情，不过他告诉达尔文,不要灰心,好多事必须由达尔文自己来做。

赖尔夫妇邀请达尔文参加了当天的晚宴。赖尔还邀请了不少科学名流出席晚宴,把达尔文一一介绍给他们,希望大家能慷慨伸出援手,帮助达尔文。

达尔文受到鼓励,继续在伦敦奔走求助。

他的执著和诚意终于打动了一些人,事情出现了转机。越来越多的动物学家对达尔文带回的采集品产生了兴趣,还有一些原来说忙的大人物,也伸出了援手。剑桥大学英皇学院的动物学教授贝尔表示,愿意对甲虫和爬虫类进行研究。巴德利普先生很喜欢南美洲的贝壳。英国自然博物馆的地质矿物部主管、昆虫学家沃特豪斯对哺乳动物兴趣颇浓。达尔文采集的大量珍贵的骨化石,则全部由外科学院接收。对方将把这些骨化石制成石膏模型,分送给有关专家,并发表一篇描述性的论文。这些骨化石非常有价值,包括身体大如河马的啮齿动物,还有食蚁兽,头骨竟然有马头那么大。

达尔文从加拉帕戈斯群岛带回的雀类标本,交给了鸟类专家约翰·古尔德研究。古尔德认真鉴定了加拉帕戈斯群岛上的那些鸟类标本,结果令达尔文大吃一惊:古尔德从中分辨出13种,再细分成四组:地雀(8种)、燕雀(2种)、树雀(2种)、莺雀(1种),尽管它们的喙各不相同,但它们却是近亲。古尔德的鉴定结果,使达尔文茅塞顿开,这就是物种变异的证据哦!

与此同时,在赖尔晚宴上认识的古生物学家欧文(此欧文非前女友芳妮的父亲欧文),也得出了这一结论:达尔文发现的大地懒化石和现代的树懒有着密切关系。达尔文不由得设想:为什么在任何地方,其现在和过去的生物都如此密切地联系在一起?这些事实全都指向物种的变异及相互间的亲缘关系。现在达尔文终于相信,每个小岛都有自己独特的陆龟或雀类,那是它们逐渐适应本地环境的结果,这就表明物种确实在发生变异,变异的结果是产生变种,甚至是新物种的出现。

11月12日，安排好了采集品后，达尔文到斯塔福德郡的美尔堂庄园，看望乔斯舅舅一家，同他们团聚了几天。乔斯舅舅为外甥的凯旋而高兴万分，感慨良多。小表姐爱玛说："我们等候查尔斯，心焦如焚。"

几个表姐为他的探险奇遇惊叹不已。大家围在火炉旁，听他讲述探险的故事，听得入了神。达尔文说起打算出版自己航海的书时，表姐们一片赞扬声。她们读过他写的航海笔记，都很喜欢，尤其是加拉帕戈斯群岛的动物和塔希提岛的风情，在她们看来，这比"已出版的游记要精彩99倍"。达尔文听后大为振奋。只有表哥乔赛亚一人表示异议，说游记出得太多了，小表姐爱玛因此还把哥哥数落了一番。

乔斯舅舅打量着达尔文，疼爱地说他变瘦了。表姐们却争着说他现在瘦了，模样更有型。

"这样改善了形象，瘦得可爱，即使是相貌平平也无关紧要。"洛蒂表姐由衷地夸奖。

"咱们表弟查尔斯显得更精神啦！"范妮表姐恭维道。

只有小表姐爱玛，欲言又止。这位韦奇伍德家最小的女儿仿佛藏着什么心事，表情有点复杂。她见到达尔文时非常激动，好像在期待着什么，等着达尔文开口。达尔文似乎意识到了，但终于没有说出来。

获得学界认可

huodexuejierenke

达尔文再次返回伦敦，听说动物学家们都在紧张地研究他的采集品，非常兴奋。

专家的研究结果很快披露出来，达尔文的考察成果捷报频传。

1836年12月5日，沃特豪斯先生在昆虫学会上率先宣读论文《记述国外昆虫的几个新种》，对达尔文采集的昆虫作了分析说明。在6种甲虫中，有一种生活在澳洲乔治王湾的灌木和草丛中，形状奇特，嚼食快速，沃特豪斯把它命名为"达尔文甲虫"。还有四种小昆虫，也用达尔文的名字命名。

翌年1月2日，沃特豪斯又在动物学会上宣读论文《记述达尔文带回英国的16种草食甲虫》。以上两篇论文后来分别刊载在《昆虫学会会报》(1837年—1840年)第2卷第3篇和第2篇。沃特豪斯是英国自然博物馆地质矿物部主管人、动物学会理事，他的确认代表了专家水平。达尔文这位当年的"小甲虫迷"，终于修成正果，登上了甲虫的专业平台。

1837年1月4日，达尔文在伦敦地质学会上，宣读了论文《智利海岸在近代上升的证据考察记》。这是达尔文初次登上地质学会讲坛，达尔文有些紧张，心脏怦怦直跳。亲朋好友都来给他助威，赖尔和亨斯罗也到场了。达尔文宣读完论文后，会场上响起热烈的掌声。赖尔很赞赏他的论述。

1月10日，伦敦的《动物学会会报》第5卷，发表了3篇评述达尔文采集的动物标本的论文。它们分别是：

马丁的《论达尔文先生最近赠送猫属的三个标本》；

里德的《论达尔文先生采集的几种四足兽》；

约翰·古尔德的《达尔文先生采集的鸟类中的一组地雀》。

这位古尔德是一位自学成才的鸟类学家，他是伦敦动物学会鸟类标本制作专家，他的鉴定对达尔文的研究工作产生了重要影响。

1月24日，马丁在《动物学会会报》第5卷，又发表了两篇论文：《达尔文从奇洛埃岛带来的一种狐》、《达尔文赠送给动物学会的一种犰狳的标本》。前篇论文里的狐，就是福克兰群岛上的红狐狸。后篇论文中的犰狳又称"铠鼠"，身上的铠甲由许多小骨片组成，每个骨片上长着一层角质物质，非常坚硬。一旦遇到危险，若来不及逃走或钻入洞中，犰狳便会将全身蜷缩成球状，将自己保护起来。犰狳和穿山甲的样子有点像，其实并不一样。穿山甲属于鳞甲目，多分布于亚非地区；犰狳属于贫齿目，主要分布于美洲。

2月14日，《动物学会会报》第5卷发表了两篇论文，一篇是沃特豪斯的《达尔文先生赠给动物学会的小鼠属一个种》，一篇是古尔德的《达尔文先生最近赠给动物学会的五种鸟》。

2月28日，《动物学会会报》第5卷再次发表了两篇论文，即古尔德的《达尔文先生从加拉帕戈斯群岛采集的三种雀科鸣禽》和沃特豪斯的《达尔文先生赠给动物学会的七种小啮齿动物》。

从这些论文发表的进度可以看出，专家们对达尔文的采集品的重视程度。还不止这些。《昆虫学会会报》和《动物学会会报》，陆续发表了大量研究达尔文采集品的论文，有的文章篇幅很长，甚至作为专版刊载。

4月9日，欧文在地质学会上宣读论文《记述一种古代哺乳动物剑齿兽的头骨》。这是达尔文采集的古化石。这篇论文后来刊载在《伦敦和爱丁堡哲学与科学杂志》第3辑第11卷第66期。欧文当时担任英国皇家外科医学院教授，兼动物保管人。达尔文和他在赖尔晚宴上认识后，经常往来。

5月4日，古尔德在《动物学会会报》第5卷再次发表论文：《达尔文赠给动物学会的采集品：巴塔哥尼亚高原的南美洲鸵鸟新种》。这种鸵鸟新种被光荣地命名为"达尔文鸵鸟"，它是在布兰卡港的河口附近猎取的。当地土著人有一种神奇本领，他们骑在马背上，用投石索飞掷到野兽身上把其四肢缚住，这只"达尔文鸵鸟"就是这样被捕获的。随后，它被搬上"贝格尔号"，再运回英国，然后再运到伦敦，颇费了一番周折。

7月25日，古尔德在《动物学会会报》第5卷又发表了一篇论文：《达尔文先生采集的一组鸟类》。古尔德是英国首屈一指的鸟类专家，至此，他已连续发表了一系列关于达尔文鸟类采集品的论文。每篇文章都具有指导意义,达尔文从中受到很大启发。

7月,亨斯罗教授发表了一篇论文:《记述两个新种:达尔文仙人掌和加拉帕戈斯仙人掌》,这两种仙人掌都是达尔文在加拉帕戈斯群岛采集的。岛上巨大的陆龟就是靠吃仙人掌为生的。

达尔文受到专家好评的鼓励,自己也撰写论文,积极推介考察成果。

5月4日,达尔文在地质学会上宣读了一篇论文:《拉普拉塔河附近的古代哺乳动物埋藏层摘记》,后刊载在《伦敦和爱丁堡哲学与科学杂志》第3辑第11卷第66期。这时,达尔文已是地质学会会员。他入会是亨斯罗教授推荐的,入会手续也是亨斯罗帮忙办的。那时达尔文还在海上颠簸航行。

5月10日,达尔文又发表了一篇论文:《关于地雀的记述》,刊载在《动物学会会报》第5卷。

5月30日,达尔文在地质学会上宣读了一篇论文:《从珊瑚构成物的研究,推导出太平洋与印度洋中某些地区升降情形》,后发表在《伦敦和爱丁堡哲学与科学杂志》第3辑第11卷第67期。这篇论文是赖尔邀请达尔文宣读和发表的。

赖尔对达尔文论文中的研究成果评价很高。就在一周前,赖尔给开普敦的赫歇尔写信说:"我非常赞成达尔文新创的珊瑚岛形成理论……我应该永远放弃自己的火山口理论。"这位地质学大师认为,达尔文关于南美洲陆地上升的第一手资料,充分证实了自己过去提出的安第斯山脉在缓慢上升的"渐变理论"。

达尔文环球考察的科学价值,得到了专家们的认可和科学界的重视。28岁的达尔文终于在英国自然科学界崭露头角。

值得一提的是,2000年英国发行新版10英镑钞票,特地设计了达尔文

2000 年英国发行的新版 10 英镑钞票

"贝格尔号"航海的图案。钞票正面，右边是老年达尔文的头像，左边是一只加拉帕戈斯群岛的蜂鸟正在吸取花蜜，蜂鸟翅膀右边是"贝格尔号"舰，蜂鸟的左边是达尔文用过的放大镜，背景辐射线的图案取材于达尔文用过的指南针。放大镜和指南针这两样东西的原件，现收藏在达尔文故居。英国老版 10 英镑钞票的图案，用的是作家狄更斯的头像。如今达尔文取代了狄更斯，令科学界喜笑颜开，文学家们却多少有些失落。

有意思的是，英格兰中央银行解释说，这一选择的衡量标准并非两位伟人哪一位更伟大，而是看谁的胡子更浓密。老年达尔文有一脸比狄更斯蓬勃得多的胡子，这般复杂的图案将使伪造钞票更加困难。

KEXUE JUREN DE GUSHI

成家立业

结 婚

jiehun

1836年底，达尔文开始撰写航海记录《考察日记》。1837年7月，达尔文完成了书稿，交给费茨罗伊舰长。达尔文这部根据航海日记整理的书稿，系费茨罗伊主编的《两舰航行记》的第3卷。由于费茨罗伊撰写的另外两卷稿子进展缓慢，出版一再推迟。两年后的7月，三卷集的《两舰航行记》由伦敦科伦社出版。第3卷封面上印着："《日记和备考》——达尔文硕士先生著"，厚厚的一本，共608页。由于很受欢迎，这部第3卷几个月后重印成单行本，书名改成一个长长的名字：《1832年—1836年间舰长费茨罗伊率领的英国皇家军舰"贝格尔号"所到达的各地区的地质史与自然史的考察日记》(以下简称《考察日记》)。后来该书多次重印，流传甚广。

《考察日记》出版后，达尔文特地寄了一本给他心中的偶像、德国探险家和博物学家洪堡。洪堡这时已是欧洲科学界的泰斗。70岁高龄的他读了这本书，盛赞它是"有史以来出版的最出色的游记"。这真让达尔文的表姐们言中了。洪堡在给达尔文的回信中写道："祝贺您的成功，达尔文先生，得知您读过我当年的拙作，而且它对于您的大作起到抛砖引玉的作用，我为此深感欣慰。我相信您的前途不可限量。"

好事成双。1837年8月，达尔文向英国财政部申请了1000英镑的资助，以保证由他主编的五卷巨著《航行期间的动物志》出版。达尔文争取到林奈学会主席索默赛特公爵等著名人士出面，在申请书上签署支持意见。3个月后，财政部批准了此申请。财政部长莱斯亲切地接见了达尔文，鼓励他用好这笔资助，把书出好。

在达尔文的科学事业腾飞之时，他考虑到该成家了。

在“贝格尔号”远航结束后，有一天，达尔文去伦敦拜访费茨罗伊舰长，碰巧费茨罗伊正新婚燕尔。新娘是位贤淑的女性，很爱费茨罗伊。费茨罗伊是在“贝格尔号”出海前和她订的婚。这位未婚妻在英国等了费茨罗伊五年，有情人终成眷属。

这件事让达尔文颇为感触。他想到了弃他而去的芳妮，感叹没有费茨罗伊的好运。达尔文回国后，听家里人说芳妮嫁的丈夫是个财迷，而且性情粗暴。她婚后并不幸福，如今住在威尔士的一幢灰暗的楼房里，等着第三个孩子出世。妹妹凯瑟琳的信早有预见：“等你回来时，芳妮将是一个身为人母的老女人了！”

芳妮的父亲欧文对达尔文的态度一如既往，盛情邀他去家里做客，但达尔文婉谢了，他无法面对过去。初恋已成为一片消失的彩霞，再也不可能追回。

达尔文的家人都在操心他的婚姻大事。由于哥哥爱拉士姆多次宣称自己是独身主义者，老父罗伯特医生对达尔文的婚事更有一种焦虑感。几个姐妹也经常旁敲侧击，提醒达尔文：“是该成家了！”

其实，达尔文心里早有了一个对象，就是小表姐爱玛。每次去舅舅家玩，他和爱玛之间都有一种心有灵犀的感觉。爱玛对他特别好，他也很依恋爱玛，但是两人谁都没有说破心头的秘密。过去恋爱时，他总感到芳妮让人捉摸不定。她漂亮活泼，又矜持高傲，若即若离。事实证明，他和芳妮并不合适。爱玛不同，她让人感到亲切踏实，身上有一种母性的温馨。更重要的是，爱玛很爱达尔文，并把这种爱深深地埋在心里。

达尔文乘“贝格尔号”航海探险，经历了漫长的五年。爱玛翘首以待，苦苦等了他五个春秋。尽管有很多名门贵胄前来提亲，但都被她回绝了。达尔文凯旋时，她的心情是最激动的。五年前达尔文出航时，还是一个皮肤白皙、活泼好动的小青年，归来时变成了一个黝黑清瘦、饱经沧桑的探险家，头发稀疏，前额突显，一双眼睛失去了往日的神采。但是消失的神采却被另一种东西所代替，那就是坚韧和成熟。这一天爱玛等了五年，她期盼着达尔文开口向自己求婚，但是，达尔文没有表示。爱玛伤心极了，她委屈地对姐姐说："我不能理解这是为什么？我确实感觉到他爱我，我也爱他，可他还是什么也没说……"

爱玛是韦奇伍德家9个孩子中最小的一个，生于1808年5月2日，比达尔文大9个月，从小聪敏好学，深得父亲的宠爱。爱玛通晓法、德、意三国外语，爱好音乐，能歌善舞，弹得一手好钢琴。她曾随父母和兄姐游历欧洲各国，见识广博。据说她去欧洲旅行期间，曾经向大作曲家、"钢琴诗人"肖邦学琴。爱玛还精于缝纫女工。她既是才女，又是一个贤内助型的女子。

达尔文确实深爱着爱玛，但他也有难处。一是考察回国后，他立刻投入到资料和采集品紧张的整理工作中，非常忙碌，实在没有精力考虑感情问题。二是他的角色是个没有职业的业余科学家，没有薪水，难以养家糊口，他不愿让父亲资助一辈子。

处于孤独和矛盾中的达尔文，曾用铅笔在两张纸条上写下"结婚"和"不结婚"各自的利弊。诸如一旦结婚，就要成为家庭的奴隶；因孩子多而迫使去挣钱糊口，必然要耗去很多时间；被家庭拴住了，就很难再去欧洲和美洲作考察。但是结婚确实是幸福的事：孩子的天真嬉戏，爱人的终身相伴，家庭中的温馨，享受天伦之乐……经过一番"论证"，最后达尔文的结论是："结婚！结婚！结婚！"

1838年初春，在亨斯罗教授和赖尔会长的关照下，达尔文被聘为伦敦地质学会秘书。虽然薪酬不高，但总算有了经济来源，加上他陆续发表的论文和出版的书稿稿酬，也是一笔收入。这下，达尔文硕士下定决心要结婚了。

11月11日，西服笔挺的达尔文来到美尔堂庄园舅舅家，正式向爱玛提出求婚。爱玛立即同意了。

新婚的爱玛·达尔文

乔斯舅舅高兴得流下了眼泪，祝贺女儿说："孩子，你中奖了！"

达尔文的父亲罗伯特医生也很满意这门婚事。次日获悉订婚消息，他一再对达尔文重复乔斯舅舅的话："你中奖了！"

就在一年前，达尔文的二姐卡罗琳嫁给了爱玛的大哥乔赛亚。这真是亲上加亲！

照理说，表亲结婚是不合适的，但感情的事往往是盲目的。不过，达尔文和爱玛的婚姻确实是幸福的。婚后爱玛成为达尔文的终身伴侣和助手，细心照料他的生活，帮着抄写稿件，整理资料，款待宾客。他们后来相伴了43年，白头偕老，儿孙满堂。达尔文晚年在回忆录里写道："她就是我最大的幸福。我可以肯定地说，在我一生中，我从来没有听她讲过一句使我不愿出口的话。她总是对我表示最亲切的同情。她是我一生中聪明的顾问和愉快的安慰者……凡是同她接近的人，都十分爱戴她，钦佩她。"

1839年1月29日，达尔文和爱玛在美尔堂举行了婚礼。达尔文在当天日记中写道："今日30岁，成婚美尔堂。"颇有点三十而立的意思。达尔文的出生日是1809年2月12日，成婚这天其实离他30岁生日还有14天。

三十而立
sanshierli

就在婚礼的前五天，由于在学术界的声誉日隆，达尔文被选为英国皇家学会会员。皇家学会是英国最高的学术团体，能荣幸加入的都是科学界的精英。达尔文当时还不到30岁，这是难得的殊荣。英国的科学明星、大化学家戴维25岁时被选为皇家学会会员，曾经风光无限。在此前不久，达尔文已是伦敦皇家地质学会的会员。三十而立的达尔文终于成家立业了。

婚后，达尔文和爱玛搬到伦敦居住。新居位于市中心高卫尔街12号，是一套前后两间的小屋，房租很便宜。前屋作书房兼会客间，后屋作卧室。屋后有个27米宽的花园，可以散步和小憩。罗伯特医生和乔斯分别赠给儿子和女儿一大笔钱，作为他们婚后的生活费用，保证新郎新娘没有后顾之忧，不过小两口很节俭。乔斯舅舅（现在该称“乔斯岳父”了）还送给他们一架钢琴，给新居增添了浪漫色彩。

达尔文向爱玛求婚之前，父亲曾叮嘱他，一定要隐瞒自己怀疑上帝的想法，否则他的婚姻可能成为泡影。父亲说，结婚就意味着夫妇双方结成了终身伴侣。一旦丈夫生了病，做妻子的就会很痛苦，她们担心自己的丈夫能不能得到上帝拯救。假若她知道你不信上帝，会很惶恐。父亲举例说，有一次他给一个叫马洛夫人的老妇看病，无意中说起不信上帝的事，那个老妇人很气愤，没好气地说：“大夫！就像糖的滋味在我嘴里是甜的一样，我知道，我的救世主是存在无疑的。”

达尔文与爱玛订婚之后，被爱玛的真情所打动，忍不住向她泄露了自己心中的秘密。他说出了对上帝怀疑的理由，谈到进化论的思想。爱玛是个虔诚的基督教徒，她很担心达尔文的“异端”思想会给他带来不幸。她在给达尔文的信中写道：

> 亲爱的查尔斯，我们现在真的彼此拥有，我忍不住对你敞开心扉。能否答应我一个请求？是的，我肯定你愿意，我请求你阅读我们的耶稣基督道别门徒的那番讲道，从《约翰福音》的第十三章开始，里面充满了他对他们的爱，充满虔诚和所有美好的感情。这是《圣经·新约》中我最喜爱的部分。这个要求是我的突发奇想，会给我带来极大的乐趣，尽管我也说不出其中的缘由。

达尔文从信中觉察出爱玛的警告。他意识到，这部“福音书”将是隔在他俩之间的一道无形的墙。他怀疑地狱的存在，怀疑上帝创造了人和动物，这在当时是大逆不道的。达尔文心中明白，自己正在研究的进化论学说，尽管有诸多的证据，但是也会像伽利略那样具有毁灭性。他承认自己的理论非常大胆，这个有关人类起源的复杂观点，将会彻底改变哲学和伦理学。

达尔文回信安慰爱玛，说自己重温了那段耶稣的故事，“那的确很感人”。他告诉爱玛，说自己能够体谅她的担忧。幸运的是，爱玛收到信后松了一口气，谅解了他的未婚夫。他们的婚姻没有“成为泡影”。在婚后的日子里，他们和睦相处，相敬如宾。达尔文有时会陪爱玛去教堂，或听她讲《圣经》的故事。看到妻子对上帝如此虔诚，他听完后只是微微一笑。要是不把《圣经》当做教义，而是当做文学作品，倒是挺优美的。爱玛请求过他，在抛弃耶稣“为你以及整个世界的利益所做的一切”时，应该“小心谨慎，甚至要心怀敬畏”。

达尔文完全理解爱玛的心意。此后在探究如何推翻一座世人心目中辉煌的神学大厦时，他的心中多了一份敬畏。一旦耶稣的神殿坍塌了，成千上万人（包括上流社会，也包括自己的亲人）会失去精神寄托，变得惊恐失措，而他必将遭受千夫所指。

在接下来的日子里，达尔文投入到紧张的研究和著书之中。除了主编监印浩大的五卷集《航行期间的动物志》，他还撰写了许多地质学和博物学方面的论述，包括书稿《考察日记》、《论珊瑚礁》和一些考察论文。

达尔文主编的这五卷巨著，到1843年才全部完成。最先出版的是第2卷《现代哺乳纲》，由伦敦动物学会理事沃特豪斯编写，1839年由伦敦斯密斯·爱德尔公司出版。书的全名为：经英国皇家财政委员会批准资助的《舰长费茨罗伊率领的英国皇家军舰“贝格尔号”在1832年—1836年航行期间的动物志》五卷集第2卷《现代哺乳纲》。皇家学会会员、地质学会会员、探险考察的自然科学家查尔斯·达尔文先生主编、监印。

第1卷《化石哺乳纲》由皇家学会会员欧文编写，1840年出版；第3卷《鸟类》由林奈学会会员古尔德编写，1841年出版；第4卷《鱼纲》由林奈学会会员詹宁士编写，1842年出版；第5卷《爬行纲（附两栖纲）》由皇家学会会员、地质学家贝儿编写，1843年出版。

《论珊瑚礁》一书的写作时间最长，前后用了20个月才完成，花费了很多心血。达尔文写道：“将一套地质学理论框架整理出来，是件轻松愉快的工作；但花时间收集和比较那些棘手而冷漠的证据，却是件艰苦的工作。”

达尔文每天的日子就像“两颗豌豆”一样相似：早晨7点起床，让爱玛继续睡觉，他开始撰写和修改《论珊瑚礁》，直到10点，大家吃早餐。他坐在扶手椅上，望着时钟，只觉时间得太快，不久就到了11点半。随后他来到书房，工作到两点，午餐时间又到了。午饭后外出散步或进城，下午准时回来，在傍晚吃晚餐。“像中风一样坐着”或读读书，直到7点半，然后喝茶、学德语，偶尔听听音乐或阅读，最后就到了睡觉的时间，就这样结束奇妙的一天。

1840年夏天，达尔文完成了《论珊瑚礁》的初稿。1841年1月，修改完成《论珊瑚礁》全部书稿，交出版商付印。达尔文在福克兰群岛的东岛上，观察过珊瑚的生长繁殖，发现珊瑚在不停地迅速向上生长。他从南美洲大陆在缓缓上升的观察结果中，推测出海洋底部在缓缓下降，这就导致了珊瑚拼命向上生长。因为珊瑚只能在海面下24米处生长，在深度超过50米以下的海水中会死亡。珊瑚的躯体一代代向上堆砌成高大的建筑，就是珊瑚礁和珊瑚岛。归根结底，是地壳的运动引起了珊瑚动物的向上生长繁殖。达尔文拜访赖尔时，阐述了这一观点。虽然赖尔的见解和达尔文不一样，但他表现出很大的兴趣，并鼓励达尔文完成了这本书。

达尔文和爱玛在伦敦居住了将近四年。1839年底，他们的第一个孩子诞生了，是个男孩，达尔文给他取名威廉。小家伙很逗人喜欢，他们称他为“漂亮和聪明的神童”。一年多以后，他们又有了第二个孩子，是个女孩，长得甜美可爱，取名安妮。达尔文对她宠爱有加。

但是，达尔文渐渐感到自己不适应伦敦的闹市生活。这个雾都气候潮湿，烟雾笼罩，他常感身体不适，生了几次病，主要病状为头晕胸闷，恶心，极易疲惫。这个毛病也许是五年环球考察酿下的，后来竟缠绕了他一生。此外，他在伦敦担任学会秘书，工作劳累，参加各种聚会，不必要的应酬很多。正像赖尔早就提醒过的，浪费了他很多时间。1841年2月，达尔文因为多病，辞去了地质学会秘书一职。达尔文需要一个安静的环境休养生息，思考刚形成的进化论思想。他和爱玛最后决定搬到乡下去居住，可以一面静心疗养，一面专心搞科学研究。

达温宅

dawenzhai

为了寻找合适的环境和房子，达尔文花了不少时间。他心中的理想住所是一处乡间隐居地方，远离城市的喧嚣，价钱还不能太贵。当时有不少上流人士喜欢住在乡下，这说明狄更斯笔下的“雾都”伦敦确实不适宜居住。当时，工业革命兴起，伦敦的工厂密布，烟囱林立，到处尘雾弥漫。费茨罗伊不久前已搬到离伦敦城24千米远的地方，一年后他被委任为新西兰总督。约翰·赫歇尔爵士从南非开普敦回国后，也住在伦敦东南肯特郡的一所乡间别墅里。肯特郡素有“英格兰的花园”之称，地里长着啤酒花，一幅田园风景。

1842年7月，达尔文终于找到一处合适的住所。这个住所名叫达温宅，地点在肯特郡，位于伦敦市东南约24千米的乡下。房子宽阔结实，朴素无华，附带一个小农场。实际上，达温宅是一座宁静的庄园，主楼是一幢砖砌的三层旧楼房，后有花园，以灌木丛和土堤作围墙，富有田园风情。整个庄园占地109亩，内有70余亩牧草荒地。庄园的业主是当地的牧师德隆马特先生，达尔文夫妇花了2020英镑买下来（当时英镑很值钱哦）。附近的达温村有3条小街和一座教堂，居民有400余人，大多是勤劳淳朴、住茅屋的农民。达温村的小街上有一家杂货店、一家邮局、一个酒馆、一家小旅馆，还有一个屠夫、一个面包师、一个木匠，实际上是个小社区。“达温”是丘陵草原的意思，周围的地形为英格兰东南地区特有的白垩丘陵。达尔文夫妇对达温宅非常满意。3岁的威廉围着房子奔跑，一路欢呼。

9月，达尔文夫妇迁居到这里。爱玛正怀着第三个孩子。他们搬进新居六天后，爱玛就分娩了，是达温村的外科医生接生的。这是一个女婴，取名玛丽·埃莉诺。九天后，玛丽在达温村的教堂接受了洗礼。可惜的是，由于婴儿太虚弱，只活了两周就夭折了，爱玛非常伤心。这个孩子的脸蛋长得很像她的母亲。达尔文克制着悲痛，尽力安慰妻子。

对于达尔文夫妇的新生活，这确实是一个严酷的打击。不过，在达尔文的悉心安慰下，爱玛渐渐抚平了伤痛。两个活泼可爱的孩子威廉和安妮，也给他们带来很大的慰藉。安顿下来以后，爱玛负责料理家务。家里请了厨师、保姆，还有园丁。达尔文开始整理有关资料，着手撰写《火山岛》一书。每隔两三周，他都会乘马车去一次喧闹嘈杂、肮脏灰暗的伦敦，“与科学界人士保持交流”，以免“变成一个地道的肯特猪”。马车和马是达尔文购置的，花了100畿里金币(价值105英镑)，自然还雇了马车夫。从达温宅到伦敦城，两个小时就可以抵达。

在接下来的日子，达尔文把楼房修葺一新，拆换了旧窗户，粉刷了墙体。达温宅的一楼有四个房间。朝向东北的两间为正方形，面积较大，达尔文用其中一间作为书房，另一间作为餐厅。朝南的两间，一间连接上楼的楼梯，另一间在走廊入口的右边，布置成客厅。客厅铺着深红色地毯，贴着素雅的墙纸，壁炉台上摆着蜡烛和大镜子，书架里放着一些历史书籍、游记、小说，临窗的地方摆着爱玛的大钢琴。爱玛经常会为达尔文和孩子们弹上一曲，琴声优雅明快，富有活力，给家中带来许多轻松和快乐。

客厅的对门是达尔文的书房。这个名叫“老书房”的房间是达温宅的核心，日后成为无数人心目中的圣地。达尔文大部分时间都在书房里进行研究和写作。书房中央的长方木桌上，摆着显微镜、烛台、小剪刀和书本，是他的工作台。桌旁是一张黑色的高背椅，扶手部位包着皮革。扶手椅旁边靠窗的角落，有一个小橱柜，上面是几个分成小格子或抽屉的文件柜。窗前是一张小圆桌，底下装有轮子，桌上堆满标本盒和瓶瓶罐罐，还有动物骨头。与窗相对的墙上，挂着

达尔文故居达温宅(背面)

几幅与“贝格尔号”有关的航海地图。一排高高的书架倚墙而立,里面排列着各种图书。在镶着白色大理石的壁炉上方,挂着几个镜框。

随后,又在达温宅后园中种植了花木、蔬菜,还建造了家养动物的棚舍。达尔文在温室里种植了许多从南美洲带回来的植物,进行长期的变异培育观察。他在一块荒地上还铺了很多碎白垩石,任牧草自然生长,目的是观察多年后碎石下沉的深度,研究土中的蚯蚓制造和搬运土壤的进度。

达尔文买达温宅的时候, 顺便买下了草地旁边一条长约 200 米的狭长土地,用篱笆围起来,种了些榛树、桦树、赤杨树和灌木,在黏土路面上铺上红色的沙子。达尔文把这条林间小径称作“沙之小路”,每天都要在这条小路上散步,无论天气阴晴从不间断。有时是独自一人,有时由爱玛陪伴。达尔文养的小狗波利,总爱跟在他的后面,真是一只可爱的“跟班狗”。孩子们也经常到“沙之小路”做游戏,达尔文就和他们一起玩耍。达尔文喜欢在路的起点处放几块小石子，每走一个来回，就踢走一块。

更多的时候，达尔文漫步在这条小路上，思考一些生物学上的重大问题，因此他把这条“沙之小路”称为“我的思想之路”。

从 1842 年迁入到 1882 年去世，达尔文在达温宅生活、工作了整整 40 年。他的研究工作和不朽巨著《物种起源》、《人类起源》，都是在这里完成的。

在达温宅定居后，除非外出看病、短期访亲会友或者参加学术会议，达尔文一直没有离开过庄园。偶尔会有朋友来达温宅拜访他，亨斯罗教授和赖尔是这里的常客，还有赫胥黎等人，费茨罗伊舰长也来拜访过。

在迁入达温宅的第二年，即 1843 年 7 月，从斯塔福德郡美尔堂庄园传来消息——爱玛的父亲乔斯生命垂危。达尔文和爱玛立即乘上马车星夜兼程，赶回美尔堂庄园探望。两人赶到时，老人已经不行了，但总算见到最后一面。卧床不起的乔斯看见达尔文走近床头，眼里闪出一星亮光，颤巍巍地握住达尔文的手，老泪纵横。几天之后，他就去世了，忌日是 7 月 14 日。

这位见识卓越、叱咤风云的企业家，英国陶器艺术的一代名师，走完了 74 年的人生历程。这就是令人敬畏的乔斯舅舅！正是他的干预扫平了达尔文登上“贝格尔号”的道路。达尔文的心中沉淀着对舅舅永远的感激和敬爱：“他谦和的品质，如此高尚，如此纯洁，如此忠诚，如此可爱！”

爱玛的母亲贝西，身体也很虚弱，家里全靠爱玛的大姐伊丽莎白照顾。美尔堂庄园往日的狩猎和聚会已永远成为过去。达尔文和爱玛为了陪伴韦奇伍德家的亲人，在美尔堂逗留了一段时间，然后回到什鲁斯伯里城。父亲罗伯特医生已是 77 岁高龄，身体还挺硬朗。老父亲很关心达尔文的健康，叮嘱儿子注意调节生活节奏，并鼓励达尔文在寻求真理的路上不要停歇。五年之后的 11 月 13 日，罗伯特医生无疾而终，享年 83 岁。

父亲的心愿，达尔文铭记不忘。回到达温宅后，达尔文一面继续撰写《火山岛》，一面开始酝酿进化论。

"谋杀罪"与"遗书"

moushazuiyuyishu

父亲担心达尔文的健康是有道理的。达尔文航海归来后身体状况一直欠佳，主要病状为头晕胸闷、恶心呕吐、心悸失眠等。许多医生给达尔文看过病，包括身为名医的父亲，但都没有诊断出病因。实际上，这些病症与达尔文内心的焦虑有关系，即所谓的"焦虑性神经官能症"。达尔文的病痛，很可能是由强烈的内心冲突造成的。

1841 年 1 月，在辞去地质学会秘书之前，达尔文就感到病魔缠身。"异端"想法使他内心躁动不安，在社交场合中又不能有丝毫流露。双重生活的压力，搞得他精疲力竭，痛苦不堪。

1842 年 5 月 18 日，达尔文夫妇离开伦敦两个月后，到美尔堂庄园去探亲。那时乔斯岳父还健在。在那里，达尔文开始用铅笔撰写物种起源理论的草稿。6 月 15 日，达尔文和爱玛回到什鲁斯伯里老家蒙特庄园，在那里住了两个月。其间，达尔文去了一趟北威尔士山区，在那里待了十天，对古代冰川遗迹进行考察，路线与他当年跟随塞治威克教授考察的大致一样。

在蒙特庄园这段日子，达尔文写完了 35 页的进化论概要，后被称为《1842：物种理论概要》。

这篇标志性的论文，第一次明确地提出了进化论理论的框架。在论文中，达尔文采用了大量关于物种起源的证据。他指出，那些古老化石是各种现代种群的共同祖先。他解释了岛屿鸟类的多样性和适应环境导致的变异。他还举出，农庄主根据需要，会选择性地繁殖赛马或拉车的马、肉牛或是奶牛。大自然也是类似的超级选择者，它同样会选择，而且更威猛、更精彩。至此，达尔文已经完全掌握了这个理论：过度繁殖和竞争导致了“自然选择”，优胜劣汰。

《创世纪》(米开朗琪罗绘)

达尔文在这篇概要里宣称：我们再也不像野蛮人望着船只那样望着动物，把它们当做完全无法理解的事了。野生动物并非上帝心血来潮的产物，正如行星不是按照他的意志挂在天上一样！一切都产生于伟大的法则——这些法则“将提升我们对万能的造物主的看法”。在概要的结尾，达尔文犀利地写道：

> 上帝造就世间无数系统，如果认为，每天在(这个)星球的陆地和水中涌动的难以计数的寄生虫和(黏糊糊的)蠕虫都是他逐一创造出来的，那简直是对他的贬抑。一群动物会被直接创造出来，在其他动物的肠子或血肉内产卵(如寄生的黄蜂)；一些有机体会喜欢残酷竞争……每年都会有无数的卵子和精子被浪费掉。不管我们怎样为此而痛惜，都不要再感到惊讶。从死亡、饥荒、掠夺和大自然隐蔽的战争中，我们能够看见最崇高的善，我们能够设想，更高级的动物就是直接从中创造出来的。

不过，这篇论文达尔文并未发表。他的态度相当谨慎。

当时，他的《考察日记》受到好评，《论珊瑚礁》已在书店上架出售，《火山岛》仍在写作中，既然如此，为什么不继这些书之后再出一本进化论著作呢？他手中已握有足够的素材，但要出版一本惊世骇俗的进化论著作，颠覆对上帝的信仰和人类对生命世界的认识，震撼和风险都太大。一旦他的进化论公之于世，不仅会遭到主流社会群起而攻之，会给家人带来厄运，甚至昨日的朋友也可能反目成为敌人，所以他下不了决心。

不久，达尔文结识了一位年轻的朋友，成为难得的知音。这位朋友名叫约瑟夫·霍克，是个舰船外科医生兼植物学家，比达尔文小 8 岁，他的父亲威廉·霍克爵士是克佑皇家植物园园长。约瑟夫·霍克曾读过达尔文《考察日记》的校样，对达尔文非常敬仰，后来他参加了罗斯船长“埃尔伯斯号”的南极探险航行。说来也是缘分，那本《考察日记》的校样本是赖尔送给威廉·霍克爵士的，小霍克无意间看见，立即被吸引住了。霍克出航之前，达尔文告诉威廉·霍克爵士，待霍克回来时，将很高兴让他随意支配自己从火地岛和南美洲带回来的植物。霍克获知后，对达尔文的慷慨既兴奋又感动。

1843 年 12 月，霍克出海回来。达尔文给他写了一封长信，祝贺他长途考察平安归来，并把自己过去采集的植物标本，请亨斯罗教授转寄给他作为研究南半球植物的参考。后来霍克特地来达温宅拜访，受到达尔文的热情款待。两人在“沙之小路”上散步，讨论植物物种的差异，并侃侃谈起海上航行的艰辛和乐趣。

此后，达尔文和霍克往来通信频繁。霍克对达尔文的研究工作非常支持。也许是共同的航海经历和志趣，使两人成为知己。1844 年 1 月 11 日，达尔文在给霍克的信里，忍不住吐露了自己心中的秘密：所有动物都拥有共同的祖先。达尔文在信中说：七年以来，自己一直“致力于一项非常放肆的工作”，很可能也是“非常愚蠢的工作”。他说，自己被加拉帕戈斯群岛的生物和南美洲哺乳

中年达尔文

动物化石所打动，一直在到处"盲目"地收集一切有关物种的信息，包括"一堆堆农业和园艺方面的书刊"。最后，在他的脑海里终于闪现出一丝丝光明。

"我已经确信（跟我最初所持观点恰恰相反）：物种不是永恒不变的（这就像坦白承认一桩谋杀罪）。"达尔文在信里写道，"我自信已经找到了（这里是推断）一条使物种能够对于种种不同目的作精美适应的简单途径。"

从信中可见，达尔文再次表白自己坚信物种变异学说，而且已经收集到大量实证，足以肯定物种起源和变异的途径。但他深知这个理论违背宗教迷信，否定上帝创造生物的教条，等于是犯了谋杀上帝的滔天大罪。

信寄出后，达尔文不安地等着霍克的回音。

两周过去了，他没有收到霍克的只言片语。也许这家伙被吓住了？要不就是太忙？其实霍克这时正窝在家里，潜心整理从南半球带回来的花朵标本。

到月底，达尔文终于收到霍克的回信。出乎意料的是，霍克的反应颇为平静，仿佛两人谈的不是"（对上帝的）谋杀罪"，而是大自然里植物的花开花落，一切都是顺理成章的事情。

霍克意识到了达尔文对他的莫大信任。他在信里说："你如此垂爱，我简直害怕说得太多，破坏了你给予拙信的虚幻印象。……也许存在着物种的逐渐变化。关于这种变化是如何发生的，我很高兴听到你的看法。就这个问题而言，目前再没有其他构想更让我满意。”

虽然只有寥寥数语，达尔文感觉到这是宝贵的友情支持。在此后的岁月里,达尔文经常向霍克咨询学术问题,霍克一直和他站在同一战壕里。

1844 年夏春之交，达尔文把 35 页的进化论概要扩展为长达 230 页的论文,标题为《物种理论概要》。他请达温村的小学校长弗列丘先生誊抄好,装订成小册子。

7 月 5 日,达尔文担心自己体弱多病,为防不测,写了一封“遗嘱”式的信留给爱玛,把它和《物种理论概要》小册子封存在一起。

根据周邦立《达尔文年谱》提供的资料,达尔文在“遗嘱”里写道:

“……我刚刚写成物种理论的稿本。我盼望将来有一天,只要有一位有学术权威的评论家采纳了我这个理论,就将使科学向前迈进一大步。……这封信就是我一生遗愿的最庄严的表白。我希望你能拨付 400 英镑,作为这本书的出版费。……如果聘请一位优秀的编辑需增加 100 英镑,那么我恳求你照付 500 英镑。”

后来达尔文又补写道:“如果难以找到这样的编辑，请把我的稿本按照原样出版。该书的编辑,必须是地质学家兼自然科学家,最好是赖尔,其次是伦敦的福布斯教授,第三是亨斯罗,还有威廉·霍克博士也很好,再次是斯特里克兰先生,也可能是欧文教授。”过了几年,他又添加附言:“赖尔,最好再请约瑟夫·霍克协助(还可增添一位优秀的动物学家协助),那就最好了。”

1854 年 8 月,达尔文又在信封背面写道:“霍克是最适合编辑我这本论物种书的人。”

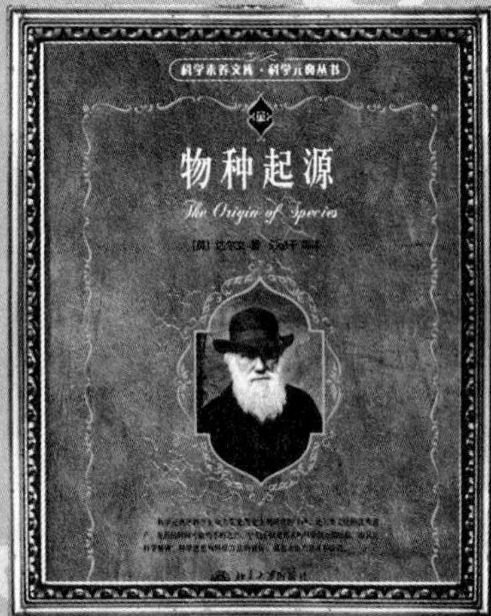

KEXUE JUREN DE GUSHI

《物种起源》

拉马克、赖尔、马尔萨斯

lamakelaiermaersasi

达尔文在创立进化论的过程中，有三个人对他产生过重大影响。这三个人是赖尔、拉马克与马尔萨斯。如同北京大学出版社出版的《物种起源》译注中所指出的，赖尔的均变地质学原理，拉马克的"用进废退"和"获得性遗传"，马尔萨斯的人口理论，"对达尔文进化论的形成均有重要的影响"。

赖尔生于1797年，是英国著名的地质学家。他毕业于牛津大学，20岁起开始地质考察活动，曾多次考察欧洲、美洲的地质。他曾四次当选为伦敦地质学会主席，1861年被推举为英国皇家学会主席。赖尔提出的地球演化"渐变论"思想，对达尔文影响很大。赖尔的《地质学原理》，是有关地质进化论思想的经典著作。在这部名著中，赖尔针对当时流行的地质变化的"灾变论"，用大量确凿的事实说明，地球地壳的变化，不是什么超自然力量或者巨大的灾变造成的，而是由最平常的自然力，如风、雨、温度、水流、潮汐、冰川、火山、地震等等，在漫长的时间里逐渐形成的。达

赖尔

尔文随“贝格尔号”环球考察时，认真研读了赖尔的《地质学原理》，受益匪浅。他从实地考察中体会到，赖尔的“渐变论” 观点是正确的。达尔文由此相信，物种是在逐渐发生变化的。他沿着这个思路探索下去，逐渐逼近物种起源理论的核心。

1845 年 6 月，达尔文在《考察日记》第二版的内封上，特地印上一篇给赖尔的“献词”，表达了对赖尔的感激和崇敬。献词写道：“我把这本书的第二版，呈献给英国皇家学会会员查尔斯·赖尔先生，因为我的这本《考察日记》和其他著作之所以能被公认具有重要的科学功绩，正是由于学习了他众所周知的名著《地质学原理》。”

19 世纪上半叶，在生物学界占统治思想的仍然是“神创论”。《圣经》里说，上帝第五天创造了鸟和鱼，第六天创造了兽和人类。人们相信世界上所有的物种（活着的和灭绝的）都是由上帝创造出来的，物种是不变的。达尔文的祖父爱拉士姆·达尔文最早对此提出过怀疑。爱拉士姆·达尔文受法国博物学家布丰进化思想的影响，认为人工饲养、气候、杂交等原因可使动物发生变异，而且这种变异是可以遗传的，许多动物的结构相似，表明它们拥有共同的祖先。达尔文在学生时代就读过祖父的著作《生物规律学》，并引起了他的思考。

法国博物学家拉马克，也是一个不相信“神创论”的人。

拉马克生于 1744 年，是法国著名的博物学家、生物学的奠基人之一，“生物学”一词就是他首先使用的。拉马克出生于法国北部的一个没落贵族家庭。他 17 岁时入伍，作战英勇。19 岁时受伤退役，在巴黎靠微薄的津贴与打工维持生活。后来他结识了著名的哲学家卢梭和博物学家布丰，受他们的影响，对博物学产生了浓厚的兴趣。1778 年他出版了第一部著作《法国植物志》，以描述精湛而颇受读者欢迎。50 岁的时候，他开始转向动物学的研究。通过大量化石和近代生物系统分类研究，拉马克越来越明确地认识到，生物经历了一个从

拉马克

简单到复杂、从低级到高级的进化过程，物种不是像《圣经》中说的那样是由上帝创造的，物种是变化的。拉马克在《动物学哲学》（1809 年）和《无脊椎动物的系统》（1815 年）中提出，世界上所有的物种，包括人类，都是由其他更早的物种进化而来的。这种进化过程是一种“用进废退”、“适者生存”的过程。他举长颈鹿为例，说长颈鹿是短颈鹿的后裔，由于干旱等原因，在低处找不到食物，为了要吃到高树上的叶子，迫使短颈鹿要伸长脖子去摄取。由于不断地伸脖子，久而久之，就使得脖子变长了。一代又一代，遗传下去，它的脖子越来越长，终于进化成现在的长颈鹿。

事实上，拉马克的这个解释存在漏洞。他显然认为决定动物进化的力量不是自然选择，而是来自动物本身的意愿。不过拉马克的生物进化观点，在当时却是思想上的一个突破，对达尔文很有启发。达尔文在《物种起源》一书中曾多次引用拉马克的著作。在《物种起源》的引言中达尔文写道：“拉马克的卓越贡献就在于，他第一个唤起人们注意到有机界跟无机界一样，万物皆变，这是自然法则，而不是神灵干预的结果。”

拉马克一生勤奋好学，坚持真理，与当时占统治地位的物种不变论者进行了激烈的斗争，因而受到打击和迫害。他的一生坎坷贫穷，但他对科学的追求却毫不动摇。晚年,拉马克双目失明,遭受病痛折磨,仍以坚强的毅力,在女儿的帮助下,完成了《无脊椎动物自然史》,把毕生精力贡献给了生物科学的研究,终于成为进化论的奠基人之一。

马尔萨斯生于1766年,是英国的一位牧师、经济学家。

他出生于英格兰一个富有的农庄主家庭。父亲丹尼尔是大哲学家休谟和卢梭的朋友。马尔萨斯18岁进入剑桥大学耶稣学院学习,主修数学。25岁获得硕士学位,两年后当选为耶稣学院院士,后加入英国教会,成为乡村牧师。1798年,身为英国教区牧师的马尔萨斯出版了一本小书《人口论》,引起轰动。马尔萨斯在《人口论》中提出:人口的增长(按2、4、8、16……几何级数)快于生活资料的增长(按1、2、3、4……算术级数),如果人口不加节制地繁衍下去,随之而来的就是为生存而进行的斗争,只有适者才能生存。书中写道:“如果不加阻止的话,人口将以几何级数增长,而粮食只能以算术级数增长,比例必然失调。为了调节人口与食物之间的平衡,必定会发生饥饿、瘟疫或战争以消灭过剩的人口。”

马尔萨斯

1838年10月,达尔文偶然读到马尔萨斯的《人口论》,受到很大启发。他意识到:自然界也存在着生存斗争。在这种环境下,物种也会随之发生有利或不利的变异:有利的生存,不利的消亡,结果形成新种。而生存斗争驱使物种不断演变的主要动力应该是自然选择。正如达尔文翻译家周邦立先生所说:“他开始清楚地看出,可以借用这种理论去代替神创说(就是否定上帝的作用);后来他认为,这种所谓自然选择的理论,在引起物种的变异、形成和灭绝。”

达尔文在回忆录中谈到了这个渊源:

> 1838年10月,就是在我开始进行系列问题调查以后的15个月,为了消遣,我偶尔翻阅了马尔萨斯的《人口论》。根据长期对动物和植物的生活方式的观察,我已经胸有成竹,能够正确估计这种随时随地都在发生的生存斗争的意义,在我的头脑中立刻出现了一个想法,即在这些(自然)环境下,有利的变异应该有被保存的趋势,而无利的变异则应该有被消灭的趋势。这样的结果,应该会引起新种的形成。最后,我终于获得了一个用来指导工作的理论。为了避免先入为主的成见,我决定在相当一段时期内不把它写出来,甚至连最简略的摘要也不写。1842年6月,我第一次打算满足自己的心愿,用铅笔把自己的理论草写成35页很简略的概要;1844年夏季,我又把这篇概要扩充成230页的理论概要,而且把它仔细誊清,直到现在仍然还保存着。

二十年磨一剑

ershinianmoyijian

根据达尔文回忆录和有关资料,达尔文进化论学说的轮廓,在1839年就清晰地构建出来了。达尔文在回忆录中说:“约在1839年这一理论就被清晰地想出来了。”这时他正忙于撰写《论珊瑚礁》书稿,随后又投入到五卷集《航行期间的动物志》的编撰工作,所以没有把理论构想写成论文或著作。

实际上，早在1837年，达尔文就在酝酿这个理论了。他在回忆录中写道："同年(1837)7月，我开始写《第一本笔记本》，其内容就是《物种起源》一书的原始资料；我对这个专题作了长期不懈的思考，在此后20年的时间里，一直没有停止过这方面的著书工作。"

在五年环球航海中达尔文观察到大量生物进化的现象，收集到丰富的材料。加拉帕戈斯群岛的雀类既具有南美大陆鸟类的特性，各岛屿之间又略有差异。不同岛上的陆龟大小、龟背斑纹也存在微妙的差异。这些现象使他产生了物种渐变的想法。1837年3月，达尔文从鸟类学家古尔德处获悉，在加拉帕戈斯群岛的三个岛屿上采集到的地雀，确有物种的差异时，达尔文大吃一惊。这使他终于认识到地理因素引起物种的形成，从而彻底否定了物种不变的观念。

1837年7月，达尔文开始起草关于物种变异问题的文章，这就是他在回忆录里提到的《第一本笔记本》(全名为《第一本论物种变异的笔记本》)。该文共有281页，封面上签有达尔文的名字。第一页开头的题名，就是达尔文祖父爱拉士姆·达尔文首创的术语"生物规律学"。文中多处引用了他祖父四卷集《生物规律学》中的主要见解，发展了生物进化的思想。在写《第一本笔记本》期间，达尔文阅读了大量参考资料，经常向有经验的动物饲养员和植物栽培家请教，还印发了许多调查表寄到国内外调查有关生物变异的实例。

达尔文后来在笔记封面的底线处注明："此笔记本约在1837年开始；第235页是在1838年1月记写的；最后一页是在2月初写的。"在封面右侧又写道："1853年12月7日裁去下面有用的几页（又在1873年4月21日复查过）。"据记录取用了16个页码。可见《第一本笔记本》的主要内容达尔文后来曾多次采用。

1838年10月，达尔文"偶然翻阅"马尔萨斯的《人口论》时，已是"胸有成竹"的他，头脑中马上闪现出一个想法：在这样的自然环境条件下，有利的变异应该有被保存的趋势，而无利的变异则应该有被消灭的趋势。这样的结果，应该会引起新种的形成，因而得出了自然选择的理论。

1842 年 6 月，达尔文在校完了《论珊瑚礁》清样后，第一次较为完整地写出了他的物种理论框架。这是一篇用铅笔写的 35 页的提纲，后来被称为《1842：物种理论概要》。达尔文 17 年后出版的《物种起源》的主要章节、基本思想和构想，在这篇提纲里都有了。

达尔文在达温宅定居下来后，开始了全面整理资料的紧张工作，并对物种理论进行深入的思考。两年之后，达尔文把那篇草就的 35 页提纲，扩充为 230 页，并请达温村校长弗列丘先生誊抄了一份，装订成册，标题为《物种理论概要》（后来人们习惯称为《1844 年物种理论概要》）。内容分为两部分：第一部分为"论生物在家养状况下和自然状况下的变异"；第二部分为"物种是由共同祖先传下来的自然形成的种族，论支持和反对意见的证据"。《物种理论概要》比之前的《1842：物种理论概要》来，内容更全面丰富，论证也更充分，包含了"物种起源"的主要论点，实际上已构成《物种起源》的雏形。

展示自然选择的图画

达尔文正是通过对加拉帕戈斯群岛上的陆龟和雀类等动物的观察，认识到自然是通过一个缓慢而长久的过程，造就出适应其本身环境的动物的。也就是说，长颈鹿生就长颈不是因为它要争取长出一个长颈，而是因为有些长颈鹿生来颈子长些，它们可以吃到更多的树叶，繁衍更多的子孙，通过遗传，继承这个自然生成的较长的颈项，是自然变异和自然选择结合，使得颈子缓慢地变得长了起来。正是由于自然选择的作用，脖子短的长颈鹿因为无法获得足够的食物而被淘汰；而脖子长的长颈鹿，由于占据着生存优势，从而得以生存并繁衍下来。

这就是达尔文进化论的主要观点——自然选择、生存斗争、适者生存，它们构成了《物种起源》理论的精髓。

华莱士的来信

hualaishidelaixin

达尔文1844年写好《物种理论概要》后，继续探索物种起源问题。包括研究积累了十多年的大量笔记资料、作生物杂交培育试验、与各地专家通信讨论等，进行了12年周密的准备工作。

1856年4月，赖尔建议达尔文把自己的物种变异观点详细地写出来，达尔文还有些犹豫不决。同哥白尼、牛顿这两位巨匠一样，达尔文也不愿仓促发表自己的理论。达尔文是一个基督教徒，他知道自己的进化论是“谋杀上帝”的学说，要公开发表，需要足够的勇气。达尔文把铸成的宝剑藏于匣中，秘而不宣。

赖尔鼓励他，不妨先把《物种理论概要》书稿的主要内容公之于世，以后再修正其中疑难不决之处。5月14日，达尔文开始专心写作《论物种》书稿。他在《日记簿》中写道：“听从赖尔的意见，开始写作《论物种》的概要。”

到1858年初夏，达尔文的《论物种》书稿已完成大部分。这时，发生了一段颇有戏剧性的小插曲。

1858年6月18日，达尔文收到华莱士从马来群岛寄来的一篇关于进化论的手稿：《论变种无限地离开其原始模式的倾向》。华莱士在信里征求达尔文的意见，是否应该将这篇论文发表。

华莱士是一位英国青年博物学家，出身贫寒，比达尔文小14岁。达尔文

1842 年撰写那篇进化论提纲《物种理论概要》时，他还是一个 19 岁的学生。华莱士一向敬佩达尔文，和达尔文有通信往来，并认真研读过达尔文的《考察日记》。但达尔文意想不到的是，华莱士在手稿中提出的观点，与达尔文的进化论观点竟然不谋而合，甚至采用的学术名称、章节题目，都与达尔文《论物种》的书稿内容有惊人的巧合！华莱士曾先后去过亚马孙河及马来群岛考察，他受赖尔和达尔文著作的启发，研究物种起源，并独立得出生物通过自然选择形成新种的概念。与达尔文不同的是，华莱士更多依据动物地理分布的材料，指出一个物种种群的大小，并不取决于生殖力，而取决于对潜在的种群增长的自然控制。每年有大量动物死去以保持数量稳定，这样必然是最弱的死去，最健壮的存活，即通过生存斗争而实现自然选择。

华莱士

这令达尔文无比震惊。

当天，达尔文写了一封信，连同华莱士的手稿一起寄给了赖尔。达尔文的心情颇为复杂，但他大度地表示：支持发表华莱士的论文，虽然这样一来自己 20 多年研究的心血可能会受到冲击。赖尔和霍克紧急商量后，两人联名给林奈学会写了一封信，推荐达尔文的《物种理论概要》（即《1844 年物种理论概要》）摘录和华莱士的论文手稿，建议在林奈学会上作为联合论文一并宣读。论文总称：《论物种形成变种的倾向；兼论借助自然选择方法的变种和物种的存续》，达尔文和华莱士合著。在论文前还加写了说明：达尔文的《物种理论概要》（1844 年）的部分摘录和他给葛雷的信（底稿摘录），早已写成，现在得到他的同意而发表;为了科学的利益和他应有的优先权,所以同时提交学会宣读。

林奈学会采纳了他俩的建议,7 月 1 日晚, 林奈学会召开全体特别会议,有 30 多名会员出席。赖尔和霍克在会上作了简短说明,然后由学会秘书宣读了达尔文和华莱士的联合论文,并肯定了达尔文的论文优先权。由于论文的观点太犀利了,宣读的时机又突如其来,不少会员听后竟目瞪口呆,还有的是一脸的迷惑。

林奈学会的新任主席也没有参透这篇联合论文的玄机, 在年底的年终总结时竟说:“今年……没有什么重大发现。”

当晚的特别会议现场,宣读论文的情景颇有戏剧性。

据霍克后来回忆:“当时引起了大家浓厚的兴趣,但是这个论题太新奇了,而且对旧派会员不太有利,使他们感到突然袭击,在没有武装好自己以前不敢应战。会后,大家窃窃私语。由于赖尔的赞词,我又从中小施计谋,充当他的助

霍克(左)、赖尔(中)和达尔文在达温宅

威人,这就较为顺利地制服了这些会员,否则他们会大批退出会场,对此理论表示抗议了。我们两人对论文著者及其内容,早已成竹在胸,因而取得了很有把握的胜利。”

达尔文因为一岁半的小儿子患猩红热去世,没有出席这次会议。远在海外的华莱士也没有到会。但两人因此结下了终身的友谊。

达尔文和华莱士进化学说的发表,是一次公开的亮剑。当时虽然没有引起轰动效应,但达尔文不用再“韬晦”了。

达尔文加紧了物种理论的写作。由于《论物种》的资料浩繁,篇幅太长,达尔文采纳了赖尔和霍克的建议,在《论物种》核心内容的基础上,进行浓缩修订,终于在1859年3月完成了《物种起源》书稿。

《物种起源》问世

wuzhongqiyuanwenshi

1859年3月28日,达尔文写信给赖尔,请他代与出版商默里联系《物种起源》的出版。达尔文拟的书名为:《论文〈通过自然选择的物种和变种的起源〉的摘要》。默里是一位精明能干的出版商,具有商业头脑,印过不少名著。赖尔的《地质学原理》和达尔文的《考察日记》都是他出版的。

两天后,赖尔回信说,已同默里谈妥出版之事,不过赖尔和默里都对书名有异议。尤其是默里,以出版商的眼光指出:“论文〈……〉摘要”式的书名,对读者没有吸引力。达尔文采纳了这个意见,复信同意改一个书名。

4月5日,达尔文先把前三章书稿寄给默里过目。

在书稿正式排印之前,达尔文还与霍克、赫胥黎等朋友通信,请他们对书稿内容提出宝贵意见。

4月10日，默里复信告之，前三章书稿已看过，以后部分不需要再看，即日排印。这位经验老到的出版家，仅从前三章就敏锐地嗅出达尔文的这本著作不同凡响。

5月25日，达尔文开始校看全书的初次校样，并作了些修改。达尔文字斟句酌，精心修改，工作量相当大。他在21日给赖尔的信中写道："我正在努力工作，但是发现修改处多极了，因而进度很慢……已校好300页，而全书约有500页。我简直疲惫不堪。"

在这段时间，达尔文的身体状态一直不好，时常发病，"像幼儿一样衰弱，无力工作，每天只能看三小时校样"。

9月2日，达尔文终于校完书稿。他写信给赖尔，请他审看最后清样。达尔文在信中写道："我修改得太多了，几乎等于重写了一遍，但我担心还是没有写好这本书。"

赖尔充分肯定了达尔文的书稿，只提出个别修改意见。这下达尔文心里踏实了。赖尔还在英国科学大会地质小组会议上作公开演说，赞扬达尔文即将出版的书，是"20年以来在动物学、植物学和地质学方面的观察和试验的结果。……根据他的研究和推理，他已经成功地解释清楚种种有关生物的亲缘关系、地理分布和地质连续性等现象。再也没有其他的假说，能够或者甚至企图去解释它们了。"

达尔文很感激赖尔的鼓励，说赖尔在科学大会上的赞语，"像一小杯烈酒"，令自己陶醉。

9月26日，《物种起源》的清样全部校对完。达尔文随即将校好的最后样张，寄给赖尔审阅。10月1日达尔文在《日记簿》里写道："校好《物种起源》一书的全部校样。该书从开始写作到结束，共历时13个月又10天。"之后，耗尽心力的达尔文携全家离开达温宅，前往奥特兰城附近的艾克雷矿泉疗养所，水疗了两个多月。

1859 年 11 月 24 日，达尔文划时代的巨著《物种起源》在伦敦出版。

书的全名叫《论借助自然选择（即在生存斗争中保存优良种）的方法的物种起源》，并注明：“皇家学会、地质学会、林奈学会等会员、《皇家军舰“贝格尔号”环球航行期间考察日记》一书著者查尔斯·达尔文硕士著。伦敦，阿尔贝马尔街默里出版社，1859 年。”该书简称为《物种起源》。

如果说“贝格尔号”环球考察是达尔文一生的高潮，《物种起源》的诞生则标志着他人生的辉煌顶峰。就在 5 个月前，41 岁的马克思出版了另一部经典《政治经济学批判》。

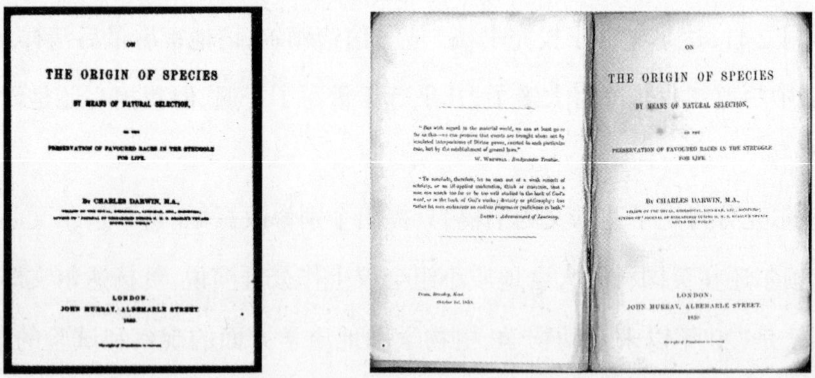
ON

THE ORIGIN OF SPECIES

BY MEANS OF NATURAL SELECTION,

OR THE

PRESERVATION OF FAVOURED RACES IN THE STRUGGLE FOR LIFE.

By CHARLES DARWIN, M.A.,

LONDON:
JOHN MURRAY, ALBEMARLE STREET.
1859.

《物种起源》初版的封面（左面）和扉页（右面）（1859 年）

达尔文在《物种起源》绪论中宣称：“……经过我能够做到的精密研究和冷静地判断，可以肯定，我过去曾经接受而现在许多博物学家仍在坚持的观点——即每一物种都是分别创造出来的观点，是错误的。我坚信，物种是可变的；那些所谓同属的物种都是另一个通常已灭绝物种的直系后代，正如某一物种的变种都公认是该种的后代一样。此外，我还认为，自然选择是形成新物种最重要的途径，虽然不是唯一的途径。”

《物种起源》全书 512 页，共有 15 章：第 1 章—第 5 章，主要阐述自然选择学说的建立；第 6 章—第 10 章，阐述进化论学说的各种难点及其解释；第 11

章—第 14 章，解释古生物的演替和生物的地理分布、生物间的亲缘关系；第 15 章为综述和结论。全书系统地阐述了进化论的思想：第一，一般进化论。物种是可变的，现有物种是由别的物种变来的，一个物种可以变成新物种。第二，共同祖先说。第三，自然选择说。第四，渐变论。即物种是通过微小的优势变异逐渐改进的。

《物种起源》中文版封面(2005 年)

在这部巨著的结尾，达尔文豪迈地写道："认为生命及其种种力量是由造物主注入的少数几个或仅仅一个类型中去的，而且认为地球这个行星按照地球引力法则，旋转不息，从最简单的无形物体演化出如此美丽和令人惊叹的生命体，而且这一演化过程仍在继续，这才是一种真正伟大的思想观念！"

《物种起源》初版起印了 1250 本，定价 15 先令(折合 0.75 英镑)，当天就销售一空。畅销的势头，竟超过了狄更斯的新作《双城记》。一本学术著作抢了小说的风头，这在出版史上还是第一次。出版商默里后悔初版的印数少了。两个月后又重印了 3000 多本，又很快销售一空。牛津一位博物学家形容说，"人们都正在读达尔文的书"。接着《物种起源》被译成几乎所有的欧洲文字，包括西班牙文、捷克文、波兰文，甚至还译为俄文和日文。

KEXUE JUREN DE GUSHI

捍卫真理

浊浪滚滚

zhuolanggungun

鉴于英国当时接受进化思想的人很少，达尔文预见到《物种起源》的出版一定会引起激烈的争论。他把样书分送给赖尔、亨斯罗、霍克、赫胥黎、华莱士、葛雷、赫歇尔、福克斯、金斯利、塞治威克、欧文等诸多师友，争取他们的支持。

在给恩师亨斯罗的题赠中，达尔文写道："恐怕这一回您不会赞同您的学生了。"在给美国友人葛雷的信中写道："书中还存在很多疑义……"给福克斯的题赠是："勋爵，您一定会猛烈地抨击……"给欧文的信中写道："这像是令人憎恨的东西……"给华莱士的信里写的是："天知道公众会怎么想！"

这些谦恭的题词，表明了达尔文心中隐约的担忧。也许他意识到了一场暴风骤雨即将来临。

讽刺达尔文进化论的漫画(1882年)

果然不出所料，《物种起源》的出版如石破天惊，在英国和整个欧洲引起了轰动。它极大地冲击了神权统治的根基，遭到了学术界、宗教界等方面的强烈反对，甚至恶毒诽谤。一时间黑云遮天，浊浪滚滚。

《物种起源》出版的当月，《英国科学协会会报》就发表了一篇险恶的书评，教唆神甫们对达尔文群起而攻之。文章一开头就编造谎言，说达尔文把小说家迪斯内利的“人由猿猴变成”的故事当成确实的东西了，“在他看来，人是昨天出现的，明天又将消失。我们不是永生的，只是一时的泡沫，或像达尔文先生说的‘偶然的’东西。”文章煞有介事地质问：“如果说猿猴变成了人，那么人又将变成什么呢？”

在书评的最后，更是不怀好意地挑拨说：“在这里，我们可以想象，这个理论要是长久存在下去，必将发生一场严酷的斗争。神学家们有权这样说，创立复杂的、把神排除在重复的创造行为之外的理论有什么意思呢？为什么不老老实实地承认，新的物种是由上帝的力量创造的呢？为什么对不必要的非直接行为不进行直接地干预而要使用进化法则呢？我们在向读者介绍作者及其著作之后，应该把他交给神学院、大学、教堂和博物馆去摆布才是。”文章的用意昭然若揭，就是要挑起上帝的信徒们对达尔文发起围攻。

讽刺漫画：他们骨子里是兄弟吗

达尔文读到这篇书评，愤怒地告诉霍克：文章的险恶目的就是“教唆神甫们来攻击我，让他们来任意摆布我”，也就是“要把柴火准备好，并且告诉那些黑色野兽们这样来捕捉我”。

紧接着，伦敦一份知识界必读的杂志《雅典娜神殿》也发表评论，声明进化论是神学和科学最凶恶的敌人，要和进化论展开坚决的斗争。

保守派的主帅、英国牛津大主教威尔伯斯福也公开宣称：“在所有著作中，《物种起源》是最不符合逻辑的书。”

最让达尔文“寒心”的是，一些朋友也对进化论观点表示了怀疑。

达尔文的老师塞治威克，阅读了赠书后来信说：“当我读你这本书时，感到痛苦多于快乐。书中有些部分使我觉得好笑，有些部分则使我忧愁。你的大作就像是一台疯狂的机车，要把读者们带到月亮上去。”塞治威克并强烈表示：“仍应相信上帝的神造说，否则将来就不能在天堂相见了。”在信的末尾，这位达尔文敬重的地质学老师戏谑地自称：“你的老朋友和猴子的后代。”这让达尔文啼笑皆非。

达尔文给老师回信说：“亲爱的塞治威克教授：在过去20多年来，为了证明这个理论，我一直像奴隶一样工作着。得知您对我的理论感到震惊，我非常难过。假如它是错误的，它又怎么能解释这么多自然现象呢？当然，如果我真的错了，这个理论很快就会烟消云散，但真理往往要在战胜无数次挑战之后才被世人认可，您说对吗？……您永远诚挚的查尔斯·达尔文。”

塞治威克一直保持着与达尔文的师生情谊，但保守的学术观点却毫不退让。他在《旁观者》杂志上发表文章，说提倡进化学说的人“都是头脑腐朽了”。后来在一次剑桥哲学会上，他像一头发怒的狮子，猛烈地抨击进化论学说。亨斯罗对达尔文的基本观点虽不完全赞成，但觉得塞治威克的反应过激了，在会上反驳塞治威克的观点，为达尔文的进化论思想辩护。

还有一位朋友也反对达尔文学说，不过他不像塞治威克那样光明磊落。

这位朋友就是动物学家欧文。达尔文环球航行归国时，欧文曾热心相助，整理宣传达尔文采集的古生物化石。达尔文一直把他视为深交多年的好友，在1844年“遗嘱”中，还曾把欧文列为《物种起源》的编辑人选之一。没有想到的是，欧文读了达尔文的赠书后，一面回信表示祝贺，一面却在《爱丁堡评论》上发表匿名文章，对进化论进行攻击。欧文宣称类人猿和人类在生理结构上根本不同，因此类人猿不可能是人类的祖先。为了驳倒达尔文的理论，他甚至采取了捏造证据的卑劣做法。欧文的阳奉阴违让达尔文很失望，两人的交情也就此告吹了。

教会对敢于向上帝挑战的达尔文更是不能容忍。

就在《物种起源》出版前不久，英国新首相帕默斯顿勋爵刚向女王提交了册封达尔文为勋爵的提案，以表彰达尔文多年来对自然科学的贡献。女王的丈夫阿尔伯特亲王也表示赞成。这位亲王是英国科学界的朋友，并担任英国科学协会的会长。达尔文获悉这个消息，有点惊喜。

可是，随后《物种起源》出版，引起了轩然大波。教会立即出面对册封提案进行干预。宫廷的教会顾问们也游说女王，如果这时册封达尔文为勋爵，就等于认可他的"异端"学说。尽管阿尔伯特亲王力挺帕默斯顿首相，但迫于教会的压力，女王最终还是拒绝了授勋提案。

这成了英国科学界的一个黑色幽默：如果达尔文不出版划时代的《物种起源》，反倒会受到女王的授勋表彰！

为进化论鼓与呼

weijinhualunguyuhu

令达尔文鼓舞的是，《物种起源》得到了许多人的称赞和支持。

《物种起源》在伦敦出版后不到一个月，1859 年 12 月 13 日，恩格斯在致马克思的信中谈到他正在阅读《物种起源》，并认为它"写得好极了，目的论过去有一个方面还没有被驳倒，而现在被驳倒了。此外，至今还从来没有过这样大规模的证明自然界的历史发展的尝试，而且还做得这样成功。"

自然科学家金斯利牧师收到赠书，回信达尔文称赞道："这是出乎我意料的一种光荣！……如果您的理论是正确的，那么我就要抛弃自己信仰和著作中的大部分观点。……很久以前，我早已不相信物种不变这一教条了。”后来，金斯利在给教育家朋友毛利斯牧师的信中赞扬说：“科学思想的状况最为奇妙。达尔文单凭真理和事实的力量，正在到处获得胜利，像洪流般势不可当。”

植物学家华生在给达尔文的信中称赞《物种起源》说：“您的主导思想，即‘自然选择’，一定会被当做科学上的确定真理而为人们所接受。它有一切伟大的自然科学真理所具有的特征，变模糊为清晰，化复杂为简单，并且在旧有的知识上添加了很多新的东西。您是本世纪、甚至是一切世纪的博物学中最伟大的革命者。”

在收到华生来信的同一天，达尔文也收到了霍克的来信。霍克热情洋溢地写道：“这本辉煌的大作，对于奇异事实和新奇现象，作了实质上极其严密的推理；它写得十分美妙，必定会获得成功。……赖尔完全被它迷住了，正在聚精会神地阅读它。”

“赖尔完全被它迷住了”这句话，让达尔文很开心。

青年科学家赫胥黎读罢《物种起源》，欣喜若狂。他写信给达尔文，表示决心追随达尔文，充当“异教徒”，捍卫进化论真理。他写道：“蒙您赐赠大量新观点，我必须向您作最衷心的感谢。大作中的用语好到了极点，它会感动对此专题一窍不通的人。”

哥哥爱拉士姆也给予了达尔文以热情的鼓励。爱拉士姆在信中说，读到《物种起源》，仿佛在少年时兄弟俩初学化学一样，“把我们俩带到了一个新世界”。

由于保守势力的攻击甚嚣尘上，赫胥黎和霍克展开了回击。

1859 年 12 月 26 日，赫胥黎在《泰晤士报》上匿名发表了一篇赞扬《物种起源》的书评。文章写得既优美动人，又机智巧妙。它用词婉转，并不尖刻，甚至还希望读者要“大胆怀疑”书中的假设，让真理“既不敢停止在怀疑上，也不让不合理的信仰把它消灭。……达尔文先生厌恶空虚的推论，就像自然界厌恶真空一样”。这篇脍炙人口的书评，立即在伦敦的知识界传开了，影响极大。

赫胥黎

达尔文第二天读到书评，很惊喜，但不知作者是谁。他给霍克去信，打探书评作者的姓名，并认为“这篇书评必将起到伟大的作用”。

有意思的是，同一天达尔文还给赫胥黎写了一封信，赞扬这篇书评写得好。达尔文认为，在英国只有一个人写得出如此精彩的书评，这人就是赫胥黎。但他又无法肯定，因此在信中托赫胥黎代为查明作者姓名。赫胥黎收到达尔文的信，暗喜了好一阵，但就是不露真容，让达尔文一直找不到感谢的对象。直到几年后，达尔文才明白了真相。

在赫胥黎的书评发表几天后，霍克也在《园丁年鉴》上发表了一篇评论，积极宣传达尔文的自然选择思想。

1860 年 1 月，赫胥黎在伦敦的星期日演讲会上，介绍和阐述了达尔文的进化论思想。赫胥黎说：“现在据我所知，达尔文先生的假设，同生物学上所有已知的事实是符合的。……我完全确信这种假设。它即使不是绝对正确，也很接近真理，这就像哥白尼的学说一样。”

2 月，赫胥黎在皇家学院发表演讲，再次公开支持达尔文的观点。他指出，反对自然科学的顽固阻力，“在今天，依旧像在伽利略时代一样，异常猖狂；但可喜的是，它已经没有过去那样的危害了。……科学提出了许多伟大的问题，而‘物种起源’并不是第一个、也不是最后一个问题，但它却要求现代人来解答。”

牛津论战

niujinlunzhan

为了捍卫真理，赫胥黎挺身而出，与反动的卫道士们进行了一场名垂青史的大决战。

1860 年 2 月，赫胥黎在英国皇家学会讲演之后，并在《麦克米兰杂志》和《泰晤士报》撰写文章介绍达尔文学说。11 月，赫胥黎在写给达尔文的信中说，他已经做好了捍卫进化论的准备。

赫胥黎是英国博物学家，1825 年出生在英国伊林一个教师家庭，比达尔文小 16 岁。早年因家境贫寒而辍学，后靠自学考入伦敦大学医学院。毕业后，曾以医生身份随“雷捷利斯涅克号”巡洋舰去澳大利亚考察，对海洋生物学、比较解剖学有重要贡献。赫胥黎 26 岁时当选为英国皇家学会会员，1854 年被聘为皇家矿业学校的博物学教授，1881 年—1885 年间担任英国皇家学会会长。著有《人在自然界中的位置》、《进化论与伦理学》、《动物分类学导论》等著作。《进化论与伦理学》后由严复译成中文，即《天演论》，曾轰动神州大地。

赫胥黎敏锐地认识到了进化论所具有的革命性和科学价值，他从《物种起源》得到启示，大胆提出“人类是和猿类由同一个祖先分支而来”。面对保守势力的围攻，赫胥黎宣称：“我是达尔文的斗犬，我准备接受火刑，如果必要！……我正磨利我的牙爪，以备来保卫这一高贵的著作！”

1860 年 6 月 27 日，英国科学促进会第 30 届年会在牛津召开。达尔文因为生病没有出席。6 月 28 日，在动植物组分会上，就大猩猩的脑与人脑及相对低级动物脑比较的问题，赫胥黎与欧文发生了激烈争论。争论的焦点，实质为达尔文的理论是否真实可靠。这一针锋相对的争论，拉开了两天后赫胥黎与牛津大主教威尔伯斯福之争的序幕。次日休会，牛津主教纠集教会头目积极策划发起猛攻，目的就是要“打倒达尔文”。

6月30日，促进会年会继续进行。联合组讨论会安排在牛津博物院图书阅览厅，由亨斯罗教授担任会议主席。与会者超过了700人，有科学家、宗教界人士、牛津大学的师生，阅览厅挤得水泄不通。结果讨论变成了一场大论战，群情激昂，场面惊险。亨斯罗主席机敏地让会场保持平和的气氛和良好的秩序。

在几个主题发言结束之后，有听众发表了反对进化论的评论。

达尔文的老朋友费茨罗伊舰长，也参加了这次辩论会。他的头发已经灰白，挺着罗马人的鼻子，气宇轩昂。费茨罗伊1843年被任命为英国殖民地驻新西兰总督。他因为提高传教士的权利，压制移民，因而得罪了在新西兰的英国殖民者，后被英国政府召回了伦敦。他这时已是海军少将，在伦敦任商务部气象局长，主持研究天气预测。费茨罗伊虽然和达尔文有“贝格尔号”环球航行的缘分，但他是个虔诚的基督教徒，认为达尔文的观点违背了《圣经》，表示强烈不满。

费茨罗伊走上讲台，大声说道：“我对达尔文先生《物种起源》的出版表示遗憾……”并说：“我好多次向我这位‘贝格尔号’上的老伙伴提出抗议，因为他接受了那些违反《创世纪》内容的观点。”

他发言完后，还把《圣经》高举过头，走出会议厅，在门外大喊：“圣经！圣经！圣经！”

但是，听众向这位海军少将大喝倒彩，鼎沸的人声将他的声音完全淹没。

费茨罗伊是个悲剧性人物。牛津大会五年后，他步伯父卡斯尔雷子爵的后尘，因精神失常，在萨利郡诺伍德城家中自杀身亡。他采用的方式也和其伯父一样——割喉自尽。直到最后费茨罗伊都没有逃脱宿命的结局。

之后,敌营的主帅出马。身兼英国科学促进会副会长的牛津大主教威尔伯斯福走上讲台,对进化论进行了猛烈的抨击。

这位大主教年轻时得过牛津数学院大奖,能言善辩,以"油腔滑调的山姆"著称。他发表了半个小时的演说,以巧妙的措词娓娓动听地讲了一大通"理由",宣称"所谓的进化根本不存在,野鸽总是野鸽"。然后,主教得意忘形地冲下讲台,转身朝着赫胥黎,讥讽地问道:"我要请问一下坐在我的旁边、在我讲完以后要把我撕得粉碎的赫胥黎教授,请教他关于人从猴子传下来的观点。请问:跟猴子发生关系的,是你祖父的一方,还是你祖母的一方?"

主教的话音刚落,会场里的教徒团就拼命鼓掌,高声附和起来。

这时,阅览厅里响起一片呼声,齐声喊着"赫胥黎"的名字,要他发言。赫胥黎沉着地站起来,走上讲台,用平静的语调阐述了自己的观点。他为达尔文进行辩护,然后引用了解剖学、人猿比较学、胚胎发生学等知识,以严密的逻辑推理,论述了人猿同祖的观点,并对主教的错误观点提出了质疑。

许多听众都被他那种气度和雄辩所折服。

接着,赫胥黎锋芒一转,指向主教道:"关于人类起源于猴子的问题,当然不能像主教大人那样肤浅地理解,这只是说人类是由类似猴子那样的动物进化而来的。我只能这样回答:一个人没有理由因猴子是他的祖先而感到羞耻,而不学无术、信口雌黄……企图

漫画:威尔伯斯福主教(左)与赫胥黎(右)

用煽动一部分听众的宗教偏见来压倒对方，这才是真正的羞耻！”

最后赫胥黎说，他宁愿“要一个可怜的猿猴作自己的祖先”，也不要一个利用自己优厚的天赋和巨大的影响，却把“嘲讽奚落带进庄严的科学讨论”的人作祖先。他巧妙地把这位主教大人比得连一只猴子也不如！

阅览厅里爆发出雷鸣般的掌声。威尔伯斯福主教羞愤交加，当即退出了会场。那些神学的卫道士们则手足无措，无言以对。整个大厅沉浸在一片欢呼声、掌声和嘘声中。一位虔诚的教徒布留斯特夫人当场昏了过去，等把她抬出会场后，辩论又继续进行。

这时，会场里有些声音喊叫霍克的名字，有人把他的名字递到主席台上。于是亨斯罗主席请霍克发言。

“大家肃静，现在请霍克先生从植物学角度谈谈他的意见。”

霍克激动地走上讲台，对赫胥黎进行了声援。他尖锐地指出，按照威尔伯斯福主教的表述，说明他根本就没有看懂《物种起源》，甚至缺少植物学方面的初步知识。霍克说：“在石炭纪时代，根本没有显花植物。主教大人所说这个时期有花有果，纯系无稽之谈。至于达尔文先生所说的美洲短腿羊，如果主教大人留心一下的话，在大英图书馆的文献中早有记载……”

人群里再次爆发出热烈的掌声。

这场短兵相接、针锋相对的大论战，最后以赫胥黎为代表的进化论者大获全胜而载入科学史册。赫胥黎也因此赢得了“达尔文斗士”的称号。

牛津论战之后，霍克和赫胥黎立即写信向达尔文报告喜讯。达尔文感到莫大的欣慰和鼓舞。

达尔文给赫胥黎回信称赞道：“您对主教的答辩真是太好了。……如果我不招惹起这次事件，那么不久也一定有人会这样干的。我对您的勇气非常景仰。”在信的结尾，达尔文诙谐地说：“如果我在这次讨论会上对牛津主教作答辩，也许在开始发言前，就已经被他气死了。”

达尔文在给霍克的回信中说：“您的信来了，它给我带来了极大的安慰；您的深情厚谊使我的眼里充满了热泪。谈到名声、荣誉、快乐、财富这些东西，如果同友情相比，它们都是尘土。”

KEXUE JUREN DE GUSHI

流芳百世

不倦的研究者

bujuandeyanjiuzhe

《物种起源》取得巨大成功之后，达尔文并没有停止科学研究工作。他隐居在宁静的达温庄园，继续着自己的试验和写作。

为了创立自己的物种理论，达尔文做了 20 多年的准备，积累了大量丰富的资料。这些资料是一座探寻物种真谛的宝库。他在《物种起源》中，只使用了其中一部分。《物种起源》虽然向世人宣告了物种理论学说，但还需要做进一步的阐述和充实。

《物种起源》最初的手稿，达尔文拟的书名就是《论文<通过自然选择的物种和变种的起源>的摘要》。如前所说，出版商默里显然觉得用“摘要”作书名太老实了，502 页的皇皇巨著竟是“摘要”，谁会掏钱买啊！所以默里改了一个响亮的名字：《论借助自然选择（即在生存斗争中保存优良种）的方法的物种起源》，而且注明（颇像如今的腰封）：“皇家学会、地质学会、林奈学会等会员、《皇家军舰‘贝格尔号’环球航行期间考察日记》一书著者查尔斯·达尔文硕士著。”对书的推介果然奏效。

不过在达尔文的心目中，《物种起源》的确只是自然界这部巨著的一个摘要，要完成全书，必须穷尽毕生的精力。生命不息，研究和探索不止。

在随后的日子里，达尔文所有的研究和著作，都是在用事实和论述证明这个“摘要”所提出的观点。达尔文克服了疾病缠身带给他的莫大痛苦，多年来勤奋写作，他把这项研究当做自己的职责和人生的最大乐趣。

达尔文在回忆录中说：“我一生的乐趣和唯一的工作，就是科学研究工作；

它引起了一种兴奋，使我可以暂时忘却或完全解除自己日常的不舒适。因此，在我今后的岁月中，除了出版几本书以外，就别无其他可述了……我出版过的书，就是我一生的里程碑。”

荣誉和金钱

rongyuhejinqian

达尔文在科学上的杰出贡献，使他获得了许多荣誉和奖励。

1864年11月30日，因在地理学、动物学和植物学方面作出的卓越贡献，达尔文被授予英国皇家学会科普利勋章。这是英国科学家所能得到的最高荣誉。达尔文因病没有到会，由他的一位朋友福尔克纳代为领奖。

晚年达尔文

朋友们纷纷来信祝贺。达尔文在复信中感谢大家的厚爱，并淡泊地说：“大家认为科普利奖章是崇高的荣誉，但我认为这无关紧要，只有几封亲切的来信才是宝贵的。不过这却表明，自然选择理论正在祖国获得一些进展，使我感到欣慰。”

其他的荣誉接踵而至。世界各国的科学团体都以请达尔文做名誉院士或名誉会员为荣。1865年他被推选为爱丁堡皇家学会的名誉会员、瑞典皇家科学院外国院士。1866年被推选为爱尔兰皇家科学院名誉院士。1867年荣获普鲁士“功勋”骑士团骑士称号，并被选为圣彼得堡科学院通讯院士。1868年被推选为波恩大学名誉医学外科博士。

1867年9月，马克思的《资本论》第一卷德文版在汉堡出版，初版印数1000册。马克思在书中两处引用了达尔文《物种起源》中的内容，并赞颂《物种起源》是“划时代的著作”。

1873年9月底，达尔文收到马克思寄赠的德文版《资本论》第一卷(1873年第二版)。55岁的马克思在书的扉页上题写：查尔斯·达尔文惠存，诚挚的敬仰者卡尔·马克思，1873年6月16日。

达尔文次日给马克思复信，感谢赠书。信中写道：

敬爱的先生：

蒙您赐赠巨著《资本论》，对我表示敬意，为此不胜感荷！获此宝书，衷心希望能不负盛情，并将加倍细心研究此深刻而重大的政治经济问题。尽管我们的学术志趣不同，但我深信，我们两人均赤诚期望于普及知识，并使之为人类幸福不断增长而效劳。

敬爱的先生，再会！

查尔斯·达尔文敬上

1873年10月1日

1874年，达尔文被推选为美国科学院波士顿分院的外国名誉院士、法国巴黎昆虫学会的名誉会员。1875年，被推选为维也纳科学院的外国名誉院士，同年被推选为罗马林赛科学院的外国院士。1878年被推选为阿根廷科学院名誉院士。

1877年11月17日，达尔文的母校剑桥大学授予他名誉法学博士学位，达尔文和夫人爱玛应邀出席了授予学位的典礼。达尔文须发髯髯，披着红袍，在身穿猩红色袍子的校长陪同下，走到前台，人群爆满的大厅里发出一阵欢呼。校方代表用拉丁文宣读传统的演讲词，最后的结束语是："因君博学有理，揭示自然法则，业经一致通过，当获法学博士，美哉！"

在当晚的庆贺宴会上，达尔文夫妇被列为上宾。老友赫胥黎举杯祝酒，俏皮地说："剑桥大学20年前就该授给达尔文博士学位的，不过现在授予也不算晚。"大家一阵哄笑。赫胥黎接着说："达尔文的这个学说，究竟是真理，还是谎言呢？本人认为，从亚里士多德伟大地总结当时的生物学知识以来，迄今还没有出现一本书，可以同《物种起源》并驾齐驱的。"

对于荣誉，达尔文虚怀若谷。对于金钱，达尔文一向很珍惜，并善于理财。虽然有个富有的名医爸爸，达尔文并不是那种纨绔败家的"富二代"。他当初随"贝格尔号"环球考察，父亲资助了500英镑巨款。达尔文一直心怀不安，唯恐钱花多了。达尔文向父亲保证，一定尽量节省花钱，每一个英镑都花到应该花的地方。达尔文成家立业之后，也从不浪费钱财。他在达温宅做研究，常年使用一台老式的显微镜。在花房里种植观察的植物，也是因陋就简。

但是达尔文并不是守财奴，对待朋友和需要帮助的人，他从来都是慷慨大方的。在他生命的最后20年里，他不断捐献出大笔的钱，资助科学事业，接济亲友。1879年，达尔文获得意大利皇家科学院的12000法郎，全部捐给那不勒斯动物研究所。达尔文还以他和爱玛的名义，每年捐出一笔钱，赞助皇家植物园出版大部头植物典籍"名汇"。经过十多年的努力，终于大功告成，该书被人们称为《达尔文植物名汇》。

1873年，赫胥黎意外患上严重的肝病，经医生治疗后需到外地休养。达尔文和其他好友共同筹集了2100英镑，赠给他作养病之需。爱玛还把赫胥黎的七个孩子接到达温宅,负责照看他们。在朋友的关怀和帮助下,赫胥黎很快恢复了健康。

老骥伏枥

laojifuli

达尔文的新作不断问世。

1862 年 5 月,《兰花的传粉》出版。受到植物学家和园艺家的欢迎。

1868 年,《动物和植物在家养下的变异》出版。这本专著 1860 年动笔,历时八年时间才完成。在书中,达尔文对动物和植物在家养条件下的变异进行了充分的讨论。这是达尔文继《物种起源》之后,对动植物变异的原因进行了详尽的探索和论证。

1871 年 2 月,经过三年的潜心打造,《人类起源》出版。达尔文在书中说:"人骄傲地认为他自己是上帝亲手完成的一项伟大的工作,而我更谦卑地相信,人是从动物那里创造来的。"

在《物种起源》中没有讨论人类起源的问题,但达尔文在该书中埋下一句伏笔:"人类的起源及其历史,将会(从这本著作)得到许多启示。"《人类起源》把这个"启示"充分阐述出来。达尔文在书中大胆地提出:人猿同祖,人是由低等动物进化来的。他用聪明智慧的语言论述了从猿到人的进化过程:生存和斗争的需要使猿人的手变得灵活,继而两腿直立了,这又导致了脊柱和骨盆构造的变化以及脑和颅骨体积与重量的增加,而脑和颅骨体积与重量的增加则无疑代表着智慧的发展,于是,人渐渐形成了。

《人类起源》上世时,被一抢而空。1874 年第二版修订出版。

1872 年秋季,《人类和动物的表情》出版。这也是一本大受欢迎的畅销书,出版的当天就售出 5267 本。

1875 年 6 月,《食虫植物》出版。初印 1000 册,7 月又加印 1000 册。为了写这本书,达尔文对捕捉昆虫的植物进行了 16 年的观察,这本书是他的观察成果总结。当年那个喜欢昆虫的顽童,是童心,也是天才啊!

1876 年秋季,《植物界异花传粉和自花传粉的效果》出版。达尔文选择了 75 种植物,花费了 11 年的时间进行试验和观察,才完成了此书。研究结果表明:异花传粉所繁殖的后代,比起自花传粉所繁殖的后代健壮;那些自花传粉即近亲繁殖的后代脆弱,甚至大量死亡。

同年,《同种植物的不同花型》出版。

1880 年,《植物的运动本领》出版。

达尔文夫妇晚年画像(爱玛为达尔文弹奏钢琴)

1881 年 10 月,《蚯蚓作用下植物土壤的形成》出版。达尔文这时已是 72 岁高龄。这是他的最后一部著作。

达尔文的身体每况愈下。

1881 年 12 月,达尔文在爱玛陪同下,去伦敦看医生,住在女儿家里。一天他去拜会一位生物学家朋友,结果朋友不在家。达尔文走到台阶时,一阵昏眩,只得抓着篱笆，摇摇晃晃地走回马车停靠的地方。

1882年初，达尔文的身体更加衰弱。达尔文究竟得的是什么病，多年来一直没有明确的诊断。从“贝格尔号”环球考察归来后，他一直受到莫名其妙的疾病折磨，主要症状为头痛胸闷、肌肉痉挛、呕吐和眩晕。每次病情发作，他都得在床上躺上几个月。达尔文用过很多治疗方法和偏方，包括水疗，都根治不了，医生都束手无策。对照发病的症状，后世的史家揣测，达尔文得的可能是惊恐障碍症，抑或是神经官能症、抑郁症，还有人说，也许他染上了一种名为查格斯病的热带寄生虫病，祸根在南美洲。

1882年4月19日凌晨4时，达尔文因心力衰竭逝世，享年73岁。

4月26日，英国为达尔文举行国葬。扶灵柩的人有：达尔文的忠实朋友霍克、赫胥黎、华莱士，以及皇家学会主席斯波蒂斯乌德、剑桥大学校长德文郡公爵、美国大使洛厄尔等人。

达尔文被葬在英国威斯敏斯特教堂。他的墓和牛顿的墓排在一起，中间挨着法拉第和赫歇尔的墓。

不远处葬着七年前去世的达尔文的师友赖尔教授，他们同享着英国科学家的最高荣誉。

对后世的影响

duihoushideyingxiang

继哥白尼的“日心说”之后，达尔文的进化论在科学界引发了一场更为深刻的思想革命。列宁说：“达尔文的著作最后把上帝从自然界赶走了，生物科学便站立起来了。”恩格斯把达尔文的学说列为19世纪自然科学的三大发现之一，称达尔文发现了生物界的科学规律。

另一方面，达尔文进化论的意义远远超过了生物科学的范畴。它为辩证唯物主义自然观提供了科学依据，并在近代哲学、社会学、伦理学、经济学等领域都产生了巨大影响。

达尔文在《物种起源》最后一章的结论中，曾预测道："我们可以进一步推想，所有的动植物都是从某一个原始类型繁衍下来的。"

在《物种起源》出版 100 年后，20 世纪 60 年代的科学家发现了生命的基本物质——DNA，正是 DNA 所携带的遗传信息——基因的复制和突变，完成了生命体的遗传和变异。这就是自然界对物种选择的遗传密码！

达尔文的结论得到最完美的论证，大自然是多么美妙啊！

达尔文诞辰 200 周年纪念邮票(英国 2009 年版)

达尔文在辞世前一年给自传写的补记中，有一段意味深长的话，值得我们永远铭记：

"作为一个科学工作者，我的成功源自复杂的心理素质。其中最重要的是：热爱科学——善于思考——勤于观察和收集资料——以及具有相当的发现能力和广博的知识。这些看起来的确令人奇怪，凭借这些极平常的能力，我居然在一些重要地方影响了科学家们的信仰。”

1935年，厄瓜多尔政府在距海岸1000千米的加拉帕戈斯群岛上树立了达尔文纪念碑，以纪念达尔文考察该群岛一百周年。碑文写着:“查尔斯·达尔文于1835年在加拉帕戈斯群岛登陆。他在研究当地动植物分布时，初次考虑到生物进化问题，从此开始了这个悬而未决的论题的思想革命。”

晚年达尔文

2009年2月12日,在达尔文诞生200周年之际,英国举行了隆重的纪念活动。当地时间2月12日达尔文生日当天,英国皇家邮政公司发行了10枚达尔文纪念邮票。在达尔文的出生地什鲁斯伯里,居民们准备了一个大蛋糕,上面插了200根生日蜡烛以纪念达尔文诞辰200周年，所有参加活动的人都可以分享一小块蛋糕。英国自然历史博物馆、《自然》杂志、剑桥大学、BBC等多家机构联合发起了一个名为“达尔文200”的网站,列出了300多项纪念活动。英国自然历史博物馆从即日起举办系列纪念讲座和大规模展览。肯特郡的达尔文故居达温宅也重新开放,重现了200年前达尔文生活的场景。

达尔文活在全世界人民心里。

达尔文留下的伟大遗产,仍然显著影响着当今世界。

附：

达尔文生平简历

1809 年　2 月 12 日在英国什鲁斯伯里市的蒙特庄园出生。父亲罗伯特·达尔文是位名医，也是英国皇家学会会员。母亲苏珊娜·韦奇伍德是著名陶瓷设计师乔赛亚·韦奇伍德的女儿。祖父爱拉士姆·达尔文也是著名的医生、皇家学会会员、生物进化论先驱者之一。

1816 年　在花房观看父母嫁接果树，培养花卉。母亲开始教他认识各种植物。

1817 年　喜爱野外生活，常爬树摸取鸟蛋，捕捉蝴蝶和小昆虫等。

7 月 15 日，母亲患不治之症去世。

1818 年　随哥哥爱拉士姆进入布特勒校长的寄宿中学读书。

1820 年　在校学习和背诵维吉尔、荷马、贺拉斯的诗，喜欢贺拉斯的颂诗。

7 月，跟随哥哥骑马到北威尔士登比郡去游览。

1823 年　哥哥爱拉士姆把储藏室建成化学实验室，经常做化学实验，达尔文给他做助手。

达尔文阅读了不少化学书籍，同学们给他起了个“瓦斯”的绰号。布特勒校长批评他是“浪子”。

1825 年　6 月暑假前父亲命他退学回家。夏季，在父亲的诊疗室里帮忙，护理妇女和儿童病人。

10 月中旬进爱丁堡大学医学院学习。

1826 年　听邓肯教授的药物学课和蒙罗教授的解剖学课，感到枯燥乏味，不愿继续学习。

喜欢阅读，饱览了很多有趣的书。在爱丁堡大学的图书馆里，达尔文兄弟俩借书的次数，是同期内学校里借书最多的学生。

9月，在爱丁堡医院实习时，目击了两次无麻醉手术，极感痛心，再也不愿进手术室了。

1827年 常和葛兰特博士到海滩上采集海生动物，解剖后制成标本。还把采集心得写成两篇关于海蛭卵和墨角藻的小论文，在校内的普林尼学会上宣读。

4月，因对医学不感兴趣，自动从爱丁堡大学退学。

1828年 1月，在父亲的安排下，进入剑桥大学基督学院学习神学。

热衷于采集昆虫。把搜集的昆虫新品种寄给伦敦的昆虫学专家斯蒂芬，后在斯蒂芬出版的《不列颠昆虫图集》中，有一种蛾和12种甲虫，注明由“查尔斯·达尔文先生采集”。

1829年 结识了学识渊博的亨斯罗教授，受益良多。

1831年 1月，达尔文顺利通过基督学院学位考试，成绩名列第10位。

听从亨斯罗教授的建议，选修著名教授塞治威克的地质学课。

4月26日，基督学院正式批准，达尔文取得文学士学位。

12月27日，乘“贝格尔号”离开普利茅斯的德文港，开始环球旅行。

1832年 1月6日，到达加那利群岛海域。西班牙当局要求船只接受12天的检疫，禁止登岸。

十天后“贝格尔号”抵达佛得角群岛，首次登上热带海岸。随后，沿南美洲东海岸航行，在巴伊亚（今萨尔瓦多）、里约热内卢、蒙得维的亚、火地岛考察。

12月16日，在火地岛采集到大犰狳和大地懒的骨化石。

1833年 3月，到福克兰群岛登陆考察，把群岛的野马和红狐狸与大陆物种进行比较，开始思索物种变异问题。

1834年 6月，“贝格尔号”经过麦哲伦海峡，到达南美洲西海岸。

1835 年　2 月 20 日，观察到智利大地震，详细记述亲身经历和目睹的情景。

9 月 15 日，到达加拉帕戈斯群岛，开始考察群岛上的查塔姆岛、查尔斯岛，采集了许多岛上的动物标本。意识到这个群岛上的事实“能够摧毁物种不变的说法”。

11 月 15 日，到达塔希提岛，考察珊瑚礁。受到土著居民的热情款待。

12 月 21 日，“贝格尔号”到达新西兰。

1836 年　1 月 12 日，“贝格尔号”到达澳大利亚的悉尼。

5 月 31 日，到达好望角。

6 月 3 日，前往开普敦拜访天文学家赫歇尔爵士。

10 月 2 日，“贝格尔号”在法尔茅斯港停靠。达尔文踏上故国的土地，结束了五年的环球旅行。考察归来，到剑桥拜访亨斯罗教授。

回到伦敦，为采集的“宝贝”寻找落脚的地方。

10 月 29 日，前往著名地质学家赖尔家拜访。

1837 年　在地质学会上宣读数篇考察论文。整理好《考察日记》全部书稿。

7 月，开始起草关于物种变异问题的文章《第一本笔记本》。

1838 年　初春，在亨斯罗和赖尔的关照下，被聘为地质学会秘书。

10 月，读到马尔萨斯的《人口论》，受到很大启发。

11 月，同爱玛·韦奇伍德订婚。

1839 年　1 月 24 日，被推选为英国皇家学会会员。

1 月 29 日，与爱玛在美尔堂庄园结婚。

7 月，《两舰航行记》三卷集出版，第 3 卷为“《日记和备考》（即《考察日记》）——达尔文硕士先生著”。

主编的《航行期间的动物志》第 2 卷出版。

1840 年　夏季，完成了《论珊瑚礁》一书初稿。

重印《考察日记》。

1841 年　2 月，因多病辞去地质学会秘书的职务。

1842 年　5 月，《论珊瑚礁》出版，此书为航行期间的地质学的第一卷。

6 月，写完 35 页的进化论概要，后被称为《1842:物种理论概要》。

9 月，迁居到达温宅。

1843 年　7 月 14 日，岳父乔赛亚·韦奇伍德去世。

1844 年　1 月 5 日，完成《火山岛》一书的撰写。

夏春之交，把 35 页的进化论概要扩展成 230 页论文，即《1844 年物种理论概要》。

7 月 5 日，担心自己体弱多病，为防不测，写了一封“遗嘱”留给爱玛，嘱咐她找人编辑出版自己的这本著作。

1845 年　9 月，修订的《考察日记》第二版出版。

1848 年　3 月，完成了《地质学》。

11 月 13 日，父亲罗伯特医生去世，终年 83 岁。

1853 年　11 月，荣获皇家学会奖章。

1854 年　1 月，成为林奈学会会员。

4 月，结识赫胥黎。听他在皇家学院演讲，说“他的言论赛过唇枪舌剑，锐利无比”。

1856 年　5 月 8 日，同赖尔长谈，赖尔建议达尔文尽快发表自己的物种理论。

1857 年　致力于著述《论物种》书稿。

1858 年　6 月 18 日，收到华莱士一篇关于进化论的手稿——《论变种无限地离开其原始模式的倾向》，当天转寄赖尔。

6 月 30 日，赖尔和霍克联名写信推荐达尔文和华莱士的联合论文:《论物种形成变种的倾向；兼论借助自然选择方法的变种和物种的存续》。

7 月 1 日，林奈学会在晚上召开特别会议，宣读达尔文和华莱士的联合论文。

在《论物种》核心内容的基础上撰写《物种起源》书稿。

1859 年 1 月 20 日，获地质学会沃拉斯顿奖章。

3 月，完成《物种起源》，写信请赖尔代与出版商默里联系出版。

9 月 26 日，校完书稿的全部清样。

11 月 24 日，《物种起源》一书公开发行，1250 册当天销售一空。

1860 年 1 月 5 日，《物种起源》出版第二版，又加印了 3000 册。

2 月，赫胥黎在皇家学院发表支持达尔文学说的演讲。

5 月 7 日，塞治威克在剑桥哲学会上抨击达尔文学说，亨斯罗虽不赞成达尔文的基本观点，但也不同意塞治威克的攻击，和塞治威克进行争辩。

6 月，开始撰写《动物和植物在家养下的变异》。

6 月 28 日，英国科学协会代表会在牛津召开，达尔文因病未能出席。

6 月 30 日，科学协会召开大会，牛津大主教威尔伯斯福对《物种起源》发起了猛烈的攻击，遭到赫胥黎的回击。赫胥黎机智的反驳和沉着态度赢得了大多听众的支持。

1861 年 7 月 1 日，开始专心研究和写作兰花传粉的论著，直到年底。

1862 年 5 月，出版了《兰花的传粉》。

1863 年 发表了《物种的异配生殖和诱发变异学说》。

1864 年 11 月 30 日，因在地理学、动物学和植物学方面作出的杰出贡献，被授予皇家学会科普利勋章。

1865 年 被推选为爱丁堡皇家学会的名誉会员、瑞典皇家科学院外国院士。

1866 年 被推选为爱尔兰皇家科学院名誉院士。

1867 年 荣获普鲁士“功勋”骑士团骑士称号。

被选为圣彼得堡科学院通讯院士。

完成了《动物和植物在家养下的变异》。

开始撰写《人类起源》。

1868 年　被推选为波恩大学名誉医学外科博士。

1 月,出版《动物和植物在家养下的变异》(两卷集)。

1870 年　8 月,完成了《人类起源》。

1871 年　1 月,开始撰写《人类和动物的表情》。

2 月 24 日,《人类起源》正式出版。

1872 年　2 月《物种起源》发行第六版。

11 月 26 日,《人类和动物的表情》出版。

1874 年　被推选为美国科学院波士顿分院的外国名誉院士。

被推选为法国巴黎昆虫学会的名誉会员。

1875 年　《食虫植物》出版。

被推选为维也纳科学院的外国名誉院士。

被推选为罗马林赛科学院的外国院士。

1876 年　《植物界异花传粉和自花传粉的效果》出版。

《同种植物的不同花型》出版。

1877 年　11 月 17 日,剑桥大学授予他名誉法学博士学位。

1878 年　被推选为阿根廷科学院名誉院士。

1879 年　2 月 12 日,德国《宇宙杂志》出专刊,祝贺达尔文 70 寿辰。

10 月 24 日,完成了《植物的运动本领》。

1880 年　《植物的运动本领》出版。

1881 年　72 岁,出版了最后一部著作《蚯蚓作用下植物土壤的形成》。

1882 年　4 月 19 日凌晨 4 时,在达温宅与世长辞。

4 月 26 日,作为国家荣誉的象征,被安葬在伦敦威斯敏斯特教堂墓地。

图书在版编目（CIP）数据

达尔文 / 松鹰著. -- 太原：希望出版社，2012.6
（科学巨人的故事）
ISBN 978-7-5379-5765-6

Ⅰ. ①达… Ⅱ. ①松… Ⅲ. ①达尔文，C.（1809~1882）-生平事迹-青年读物②达尔文，C.（1809~1882）-生平事迹-少年读物 Ⅳ. ①K835.616.15-49

中国版本图书馆 CIP 数据核字（2012）第 091970 号

科学巨人的故事
达尔文
松 鹰 著

责任编辑	谢琛香
美术编辑	白 翎
复 审	武志娟
终 审	杨建云
装帧设计	柏学玲
责任印制	刘一新

出 版：	山西出版传媒集团·希望出版社	地 址：	太原市建设南路 21 号
开 本：	720×1000 1/16	印 刷：	太原市海泉印刷有限公司
印 张：	9.5 190 千字	版 次：	2012 年 8 月第 1 版
印 数：	1-10000 册	印 次：	2012 年 8 月第 1 次印刷
标准书号：	ISBN 978-7-5379-5765-6		
定 价：	18.50 元		

编辑热线 0351-4922124
发行热线 0351-4123120 4156603